KB273262

출애굽기
숲과나무

-새로운 시민-

통박사 조병호의 통독여행 시리즈 2

출애굽기 숲과나무 - 새로운 시민

초 판 1쇄 발행 2000년 6월 20일
개정판 1쇄 발행 2009년 10월 15일

지은이 · 조병호
펴낸곳 · 도서출판 통독원

주 소 · 서울시 서초구 서초3동 1475-3
전 화 · 02)525-7794 / 팩 스 · 02)587-7794
홈페이지 · www.tongdok.net
등 록 · 제22-2766호(2005.6.27)

ISBN 978-89-92247-42-9   04230
ISBN 978-89-92247-40-5   04230 (세트)

Printed Korea Copyright ⓒ 조병호 2009

새로운 시민

Exodos

통박사 조병호의
통독여행 시리즈 **2**

출애굽기
숲과나무

Supgwanamu

조병호 지음

통 독 원

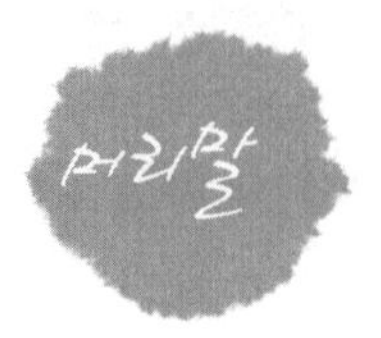

지난 20년 이상 성경통독을 이끌어 오면서 '성경 한 권이면 된다' 라는 생각을 잊은 적이 없습니다. 다른 책들이 무가치하다는 뜻이 아니라, 궁극적으로 모든 인생에게 절대적으로 필요한 책이 바로 성경이라는 뜻입니다.

이러한 생각에 기반을 두고, 많은 사람들이 보다 더 쉽고 재미있게 하나님의 말씀인 '성경'을 알아가길 소망하며, 출애굽기 통독을 통해서 제가 만났던 하나님의 사람들의 땀과 눈물의 삶을 여러분에게 소개하고자 『출애굽기 숲과 나무-새로운 시민』을 내놓습니다.

성경은 하나님의 말씀이며, 우리 인생을 가장 아름답게 이끌어 주는 소중한 책입니다. 또한 성경을 통해서 하나님을 아는 지식을 쌓아 갈 수 있습니다. 그러기에 우리는 성경을 공부해야 합니다. 이 자리를 빌려 성경에 대한 저의 다섯 가지 생각을 함께 나누고 싶습니다.

첫째, 성경은 얇은 책입니다.
하늘을 두루마리 삼고 바다를 먹물 삼아도 다 기록할 수 없는 그 무한한 사랑과 진리를 담은 책의 두께치고는 무척 얇습니다. 그래서 부분이 아닌 전체로 읽습니다.

둘째, 성경은 소리 내서 읽을 만한 유일한 책입니다.
성경을 소리 내어 읽으면 말씀이 더욱 생생하게 느껴집니다.
그래서 문자로 읽고 음성으로 읽습니다.

셋째, 성경은 1년에 10번 통독할 책입니다.
성경을 읽으면 읽을수록 우리의 믿음이 자랍니다.
하루 1시간 30분이면 누구나 1년에 10번 성경을 읽을 수 있습니다.

넷째, 성경은 동서양이 담긴 책입니다.
성경은 온 세상을 담고 있습니다.
그래서 서양의 분석적 방법과 동양의 전체적 방법을 통으로 읽습니다.

다섯째, 성경은 하나님의 마음이 담긴 책입니다.
성경은 그 시대마다 함께하신 하나님의 진실이 담겨 있습니다.
그래서 성경을 역사 순으로 살펴 하나님의 마음을 읽습니다.

여러분들도 성경에 대한 이 다섯 가지 생각으로, 성경을 통해 하나님을 더욱 알아가는 기쁨을 누리시길 바랍니다. 아울러『출애굽기 숲과나무-새로운 시민』이 여러분들에게 하나님의 마음을 전하는 복의 통로가 되어 21세기의 멋진 그리스도인들이 늘어나기를 소망합니다.

2009

머리말

소망하는 자에게 위기는
또 다른 출발을 위한 소나기에 불과합니다

주의 도도한 경륜을 좇아가다 보면
사소한 방해와 위기는 오히려
더욱 창대해지는 발판이 되는 것을 자주 경험하게 됩니다.

우리는 우선 하나님께서 창세기에서 약속하신 '자손의 번성에 대한 예언의 성취' 라는 관점에서 출애굽기를 바라볼 수 있습니다.

출애굽기의 입구인 1장은 창세기 12장과 15장에서 하나님께서 아브라함에게 하신 말씀, 즉 '네 자손이 하늘의 뭇별과 바닷가의 무수한 모래처럼 많아질 것' 이라는 말씀이 실제로 이루어지는 장면을 보여 주고 있습니다. 창세기에서는 아브라함의 후손이 가족 단위로 표현되었던 것이 출애굽기부터는 민족 단위로 다루어지는 것만 보아도 '뭇별' 과 '무수한 모래' 처럼 많아졌다는 것을 예감할 수 있습니다.

자손의 번성에 대한 예언 성취의 결과인 동시에, 더욱더 확실한 예언 성취의 전 단계로서 이스라엘 민족에게 위기가 닥치는 모습도 출애굽기 1장의 큰 나무입니다. 태어나자마자 죽임을 당할 위험에 놓인 이스라엘 백성의 아들들. 출애굽기의 출발은 이렇게 이스라엘 백성들의 안타깝고 절박한 상황으로부터 시작하고 있습니다. 이스라엘 백성들의 고통스러운 부르짖음에서 우리는 하나님의 비장의 무기, 모세라는 큰 나무의 성장을 시사받습니다.

약속의 성취

출애굽기 1장은 '생육', '번성', '강하여'라는 단어가 반복적으로 동원되면서 하나님께서 창세기에서 약속하신 자손의 번성에 대한 예언이 성취되는 모습을 보여 주고 있습니다. 창세기 12장에서 아브라함에게 처음 선포되었고, 그 이후 이삭과 야곱에게 반복하여 말씀하신 그대로 예언이 현실화되고 있는 것입니다.

이렇게 예언 성취의 관점과 이를 통해 그 시대의 문제를 해결하시는 하나님의 경륜이라는 측면에서 볼 때 성경의 참 의미를 알 수 있는 것 같습니다. 창세기 12장의 답변이라는 인식을 가지고 출애굽기 1장을 바라보면 하나님께서는 당신의 말씀을 반드시 이루신다는 감격과 짜릿함을 맛볼 수 있는 것이지요.

"이스라엘 자손은 생육하고 불어나 번성하고 매우 강하여 온 땅에 가득하게
되었더라"(7절)

아브라함이 가슴 졸이며 약속의 성취를 기다린 지 400-500년 만에 정말 눈앞의 현실이 되어 버린 것입니다. 실로 창세기의 숲에서 바라본 출애굽기 1장은 감사와 감동의 장면일 수밖에 없는 것 같습니다.

솔직히 아브라함이 하나님의 약속을 듣고도 '다메섹 엘리에셀을 통해서나 상속자를 보고 말지' 라는 결정을 할 때에 그 착잡함과 두려움과 떨림이 어떠했을까요? 아브라함이 백발성성한 노인이 되기까지 가슴 한구석에 품고 있던 자식에 대한 소원과 고민은 또 어떠했을까요? 자신의 목숨과 바꾸어도 아깝지 않을 이삭을 바치라는 하나님의 명령에 순종해야 할 때의 답답함과 안타까움을 우리가 짐작할 수 있을까요?

그런데 그 혹독한 과정을 거쳐 민족 형성의 씨앗인 칠십 인이 나오고, 이제는 애굽이라는 토양에 뿌려진 그 칠십 인으로부터 '민족' 이라는 열매가 맺힌 것입니다. 민족으로 뿌리내릴 수 있을 만한 공동체가 형성된 것입니다. 씨앗 자체가 생육, 중다, 번성이라는 의미를 담고 있습니다. 우리 인생의 씨앗이 이렇게 뿌려진다면 어떨까요? 그의 나라와 그의 의를 구하는 자의 삶을 사는 자들이 물이 바다 덮음같이 온 땅에 가득하게 되면 좋겠습니다.

그러나 여기에서 우리가 간과해서는 안 될 사항은, 축복이 때로는 위기의 원인이 될 수도 있다는 사실입니다. 이제 곧 이스라엘 자손들의 번성함이 애굽으로부터의 핍박의 원인이 되는 것을 보게 됩니다.

축복과 위기의 이러한 함수관계는 성경의 다른 곳에서도 얼마든지 찾아볼 수 있습니다. 이삭은 흉년 가운데 씨앗을 뿌렸고, 말씀에 순종하는 가운데 농사를 지어서 심히 큰 부자가 되었습니다. 그러나 큰 부자가 된 결과, 주변 그랄 백성들로부터 시기를 사기 시작합니다. 백 배의 결실을 거둔 축복이 오히려 주변 사람들의 시기의 대상이 되는 괴로움으로 바뀐 것입니다. 그러나 괴로움을 참고 견디는 가운데 이삭은 결국 하나님의 함께하심을 보게 됩니다. 축복으로 인한 위기를 감내함으로써 블레셋 왕 아비멜렉무리로부터 '너는 하나님과 함께한 사람이다' 라는 답변을 얻어 내었던 것입니다.

이제 이스라엘 자손의 번성이라는 축복이 애굽 왕과 애굽 백성들로부터 괴로움을 당하게 되는 원인이 되지만, 결국 저들 역시 '이스라엘 사람들은 하나님과 함께한 자들' 이라는 고백을 할 수밖에 없게 될 것입니다.

위기

"요셉을 알지 못하는 새 왕이 일어나 애굽을 다스리더니"(8절)

지금 애굽에서는 창세기 50장과는 전혀 다른 상황이 벌어지고 있습니다.

요셉을 인하여 애굽에서 왕의 호의를 받으며 살 수 있었던 이스라엘 가정이 이제는 핍박받는 민족이 되었습니다. 출애굽기 1장을 드라마로 만든다면 효과음으로 고통과 신음의 소리가 필요할 것 같습니다. 예수님 시대에 헤롯과 로마 총독의 횡포가 구원자를 소망하게 했듯이, 지금의 이스라엘 백성들 앞에 놓인 상황은 모세의 사역을 예고하는 것이기도 합니다.

애굽 왕 바로가 그 백성들에게 말합니다.

"이 백성 이스라엘 자손이 우리보다 많고 강하도다."

이스라엘 자손에 대한 핍박의 직접 원인이 이스라엘 자손의 번성함과 강함임을 명시적으로 시사하는 구절입니다.

이스라엘 사람들의 양적, 질적 우세함에 대한 애굽인들의 대처 방식을 봅시다.

"자, 우리가 그들에게 대하여 지혜롭게 하자."

사실 여기서 그들이 지혜롭게 하자는 것을 악한 꾀를 내자는 것입니다. 그러나 그들이 악한 꾀를 더할수록 스스로 당할 고통의 내용을 더 쌓아 갈 뿐입니다.

애굽 사람들이 기껏 생각해 낸 지혜의 내용은 무엇입니까?

그것은 첫째, 거주 이전의 자유와 직업 선택 자유의 박탈이었습니다. 그들은 고센 지역에서 벽돌 굽는 일을 시킴으로써 이스라엘 자손의 인권을 유린하고 있습니다. 라암셋이라는 도시 건설에 필요한 노동력을 이스라엘 자손으로부터 착취하고 있습니다.

두 번째 지혜의 내용은 히브리 산파를 통해서 이스라엘 남아를 죽이는 민족말살정책이었습니다. 실질적으로는 생명권의 박탈이지요. 애굽 왕이 히브리 산파 '십브라' 라 하는 자와 '부아' 라 하는 자에게 명령합니다.

"너희는 히브리 여인을 위하여 해산을 도울 때에 그 자리를 살펴서 아들이거든 그를 죽이고 딸이거든 살려 두라."

살인 교사를 내용으로 하는 이 명령으로 말미암아 이스라엘 자손의 번성이라는 하나님의 예언은 최대의 위기를 맞습니다.

그러나 이 시점에서 우리는 진정한 지혜를 발휘하는 산파들을 만나게 됩니다.

> "그러나 산파들이 하나님을 두려워하여 애굽 왕의 명령을 어기고 남자 아기들을 살린지라"(17절)

산파들은 "해산한다고 해서 가 보니 이미 아이를 낳았습니다. 죽이려고 보니 딸입디다." 해 가면서 서슬 시퍼런 애굽 왕의 불호령을 피해 나가고 있습니다.

지혜로운 자는 하나님을 두려워하지 왕을 두려워하지 않습니다. 공권력이나 기득권 세력 앞에서 쉽사리 하나님과의 우선순위를 교체하지 않습니다. 성경은 "여호와를 경외하는 것이 지혜의 근본"(잠 9:10)이라고 말합니다. 하나님을 의식하고 하나님을 두려워하는 지혜의 힘이 인간의 잔꾀에서 나온 어리석은 지혜를 이기는 것입니다.

> "그러나 학대를 받을수록 더욱 번성하여 퍼져나가니 애굽 사람이 이스라엘 자손으로 말미암아 근심하여"(12절)

학대를 받을수록 더욱 흥왕했다는 점에 주목합시다.

하나님의 일은 누가 핍박하고 방해한다 해서 멈춰지지 않습니다. 주의 도도한 경륜을 좇아가다 보면 사소한 방해와 위기는 오히려 더욱 창대해지는 발판이 된다는 것을 자주 경험하게 됩니다.

교회 안에서 어떤 프로젝트나 사업을 기도와 믿음으로 추진하다가도 작은 장애물에 부딪히면 '하나님의 뜻이 아닌가 봐', '하나님께서 함께하시지 않나 봐' 하면서 의구심을 품고 냉소적인 태도로 바뀌어 결국 주저앉는 경우를 종종 봅니다. 그러나 그럴 필요 없습니다. 하나님의 경륜을 이루어 가시는 분은 우리가 아니라 하나님이시기 때문입니다.

출애굽기의 제일 첫 장 한 장만을 읽어 보아도 우리가 때로는 하지 않아도 될 고민을 하고 있는 것은 아닌가 생각해 볼 필요를 느낍니다. 소망하는 자의 위기는 또 다른 출발을 위한 소낙비에 불과한 것인데도 말입니다.

80년의 긴 세월은 모든 시대와 민족을 향한
하나님의 준비였습니다

하나님께서는
이 불쌍한 아기를 향하여
만만찮은 계획을 가지고 계셨습니다.

애굽의 민족말살정책으로 인해 이스라엘 백성의 고역은 날로 심해지고 있습니다. 이렇듯 씨를 말려 가는 상황이고 보니 '하늘의 뭇별처럼 바닷가의 모래알처럼 자손이 많게 하리라'는 하나님의 약속의 성취는 다시 멀어지는 것이 아닌가 싶어집니다. 그러나 하나님께서는 이들의 고통을 권념하십니다. 아브라함에서 이삭, 야곱, 그의 열두 아들, 70명의 가족, 그리고 민족의 형성으로 이어지던 이스라엘이 말살되어질 위기에 놓이자 출애굽을 준비하신 것입니다. 출애굽의 이유는 이렇게 위기 가운데서 설명되어집니다.

이즈음에 기묘하고도 기구한 출생과 성장을 거쳐 한 사람이 준비되고 있습니다. 태어나면서부터 죽을 운명에 처했던 출생 과정, 히브리인이면서도 애굽 궁정에서 학문과 교양을 닦는 성장과정, 외롭고 고된 미디안 광야 생활을 하며 하나님의 때를 40년 간 기다려야 했던 역경을 통과하는 모세가 바로 그 사람입니다. 영화보다 더 드라마틱한 삶을 실제로 산 모세를 통해서 하나님은 출애굽이라는 놀라운 사건을 준비하십니다.

모세의 출생과 성장의 40년, 미디안 광야 생활 40년을 합한 80년 동안의 내용이 출애굽기 2장 단 한 장에 할애되고 있습니다. 출애굽기 전체가 약 100년 안팎의 시간 동안 일어난 사건을 기록한 것임을 감안한다면 출애굽기 2장은 상당히 스케일이 큰 장이라 할 수 있습니다.

준비 1- 전반 40년

모세는 태어날 때부터 죽을 운명에 있었습니다. 아이가 태중에 있을 때 그 어머니는 얼마나 불안했을까요? 그녀에게 태교 같은 것은 사치스러운 단어였을 겁니다. 한 생명이 탄생했으나 친지, 이웃을 모아 놓고 축하하기는커녕, 행여 울음소리가 집 밖으로 샐까 노심초사하며 석 달 동안을 숨겨서 키웁니다.

이러한 최악의 육아 조건에서 모세라는 거목이 자라났음에 주목할 필요가 있습니다. 요즘은 부모 노릇 하기가 얼마나 힘든지 온갖 좋은 교육 환경을 만들어 주는 것이 사랑의 표현인 것으로 알아서 자기 자식을 세상의 중심에 놓고 떠받듭니다. 환경의 중요성을 경시하는 것은 결코 아니지만, 환경만이 중요한 것은 아니라고 생각합니다.

점점 가정이 파괴되고 결손가정이 증가하는 현대사회를 살고 있기에 더욱더, 한 사람이 원만하고 아름다운 존재로 성장하는 것이 꼭 최고의 교육환경을 배경으로 했기 때문은 아니라는 것을 인식해야 할 것입니다. 부모와 가정환경을 탓하며 자신을 축소시키고 열등감에 빠지는 청소년들을 보면 참으로 안타깝습니다. 스스로 변명할 여지를 찾는다고 문제가 해결되는 것은 아니기 때문입니다.

아무리 앞뒤 좌우를 둘러봐도 자신이 피할 수 없는 열악한 환경에 있을 때, 모세를 기억해 봅니다. 어차피 죽을 것 같아 이름조차 지음받지 못하고 상자에 담겨 물에 떠내려갔던 모세를 말입니다.

아이 울음소리가 점점 우렁차지자 아이의 엄마와 누나는 아이를 살릴 합동작전을 펍니다.

> "바로의 딸이 목욕하러 나일 강으로 내려오고 시녀들은 나일 강 가를 거닐 때에 그가 갈대 사이의 상자를 보고 시녀를 보내어 가져다가 열고 그 아기를 보니 아기가 우는지라 그가 그를 불쌍히 여겨 이르되 이는 히브리 사람의 아기로다"(5-6절)

애굽 공주의 눈에도 불쌍히 보였던 아기. 이것이 모세의 생후 3개월의 현주소였습니다. 그러나 하나님께서는 이 불쌍한 아기를 향하여 만만찮은 계획을 가지고 계셨습니다.

우선 당대 최고의 엘리트 교육과정을 모세 앞에 준비해 놓으셨습니다. 모세를 당시 애굽의 공주 핫셉투스의 '양자'의 자리에 놓으신 것입니다. 핫셉투스는 모세에게 세상에서 필요한 모든 학문들을 섭렵시켰습니다. 모세는 수사학, 웅변학, 칼 쓰는 법, 말 타는 법 등, 제왕이 되기 위한 이른바

제왕학을 하나도 빠짐없이 배웠습니다. 아마 당시 최고의 실력자로부터 최고의 정치가가 될 수 있는 족집게 과외를 받았을지도 모르겠습니다. "모세가 애굽 사람의 모든 지혜를 배워 그의 말과 하는 일들이 능하더라"라고 사도행전도 확인하고 있습니다(행 7:22).

만약 모세가 이렇게 애굽 최고의 학력을 소유하지 않았다면, 그래서 애국심에 불타는 한 히브리 청년의 자격만을 가지고 어느 날 갑자기 동족을 선동해서 애굽에서 나오려 했다면, 아마 피의 살육 전쟁이 벌어졌을지도 모를 일입니다. 그러나 하나님께서는 모세로 하여금 바로와 한판 승부를 하게 하십니다. 그렇다면 바로와 협상하고 담판을 지을 수 있는 사람은 바로와 동등한 정도의 지위와 실력을 지닌 자여야 합니다. 그래서 하나님은 모세를 40년 동안 애굽의 제도권 핵심에 심어 놓고 훈련을 시키신 것이지요.

하나님은 애굽을 단숨에 쓸어버리시고 이스라엘 백성을 출애굽시키는 방법을 택하지 않으셨습니다. 바로와 대등한 위치에서 협상할 수 있는 사람을 준비시키시고, 그를 통하여 일하시려는 것이 하나님의 계획이었습니다. 결국 애굽에서의 40년은 6개월 동안 펼쳐지는 바로와의 담판을 위한 것이었습니다.

40년 동안 애굽 궁정의 물을 먹었으면 애굽 사람이 다 되었을만도 한데, 모세는 여전히 이스라엘 백성에 대한 뜨거운 가슴을 가진 자였습니다. 아마 이것은 애굽의 잔혹한 학대와 핍박을 받는 이스라엘의 시대적 아픔을 끌어안고 살아간 여인, 모세의 어머니 요게벳의 극진한 교육으로 설명되어질 수 있겠습니다.

어머니 요게벳은 아들의 목숨을 건져 보겠노라고 갈대에 역청과 나무 진을 발라 요람 겸 배를 만들어 띄우고는 행여 배가 거친 물살에 뒤집어지지나 않을까 걱정하며 딸에게 쫓아가 보라 했겠지요. 모세의 누나 미리암은 목숨을 걸고 공주에게 나아가 야무지게 동생을 어머니 품에 다시 안겨 줍니다. 자기 자식을 키우면서 삯을 받아야 하는 기막힌 운명을 가진 모세의 어머니 요게벳은 아마 모세를 피눈물 나는 기도 가운데 키웠을 것입니다. 그리고 히브리인으로서의 가정교육의 최초의 어머니 모델은 요게벳이 아니었겠나 추측해 봅니다.

애굽의 최고 학문을 습득하고 또한 이스라엘 자손으로서의 정신과 신앙을 구비하여 양 날개를 단 모세. 이 정도면 준비가 다 되었다 싶습니다. 그러나 하나님은 모세에게 한 가지 덕목을 더 요구하십니다. 그리고 그 덕목을 갖추는 데에는 모세가 지금까지 살아온 만큼의 세월, 40년이 걸립니다.

준비 2 - 후반 40년

불혹의 나이에 다다른 모세는 학문이 무르익고 신앙의 연륜이 쌓여 한층 성숙해졌겠지요. 그의 성숙은 자기 동족 문제에 대한 아픔, 동족에 대한 연민과 동정으로 표출됩니다.

사도행전 7장 23-24절은, "나이가 사십이 되매 그 형제 이스라엘 자손을 돌볼 생각이 나더니 한 사람이 원통한 일 당함을 보고 보호하여 압제 받는 자를 위하여 원수를 갚아 애굽 사람을 쳐 죽이니라"라고 적고 있습니다.

모세의 이 같은 행동은 전혀 예상치 못하던 사태를 몰고 옵니다. 살인을 저지른 다음 날의 일입니다. 이튿날 다시 나가니 두 히브리 사람이 서로 싸우고 있습니다. 모세는 그 그른 자에게 말합니다.

"네가 어찌하여 동포를 치느냐?"

그가 대답합니다.

"누가 너를 우리를 다스리는 자와 재판관으로 삼았느냐?"

잘못한 사람에게 정황의 시시비비를 판단하려던 모세는 오히려 동족으로부터 용납하기 힘든 이야기를 듣습니다.

생각해 봅시다. 왜 히브리인들은 모세라는 실력자의 도움의 손길을 거부했을까요? 그의 동족에 대한 열정과 애국심을 왜 거절했을까요? 동족들 입장에서 모세에게 시기가 났던 것일 겁니다. 자기들은 긴 하루 해가 원망스러울 만큼 종일토록 흙 일, 벽돌 굽는 일 등의 중노동을 하는데, 똑같은 히브리인인 모세는 아무 장애물 없이 출세 가도를 달리면서 제왕학을 수업 받고 있는 것입니다. 그러니 순수하고 깨끗한 마음으로 문제를 해결하려고 다가서는 모세이지만 동족들 입장에서 그가 곱게 보일 리 있었겠습니까? 애굽 공주의 양자 자리는 하나님이 모세에게 베푸신 교육의 기회임과 동시에 동족들에게 다가설 수 없는 장애물이기도 했던 것입니다.

결국 이 사건은 모세의 고단한 40년 광야 생활의 계기가 됩니다.

"일이 탄로되었도다!"

모세가 두려워합니다. 바로가 이 일을 듣고 모세를 죽이고자 하여 찾습니다. 두려움에 바로의 낯을 피하여 애굽의 화려한 궁정 생활을 등지고 모세는 지팡이 하나 겨우 챙긴 채 모래 바람 사나운 광야로 황급히 도망합니다.

그날 애굽일보 제1면 톱기사로 모세의 이야기가 대서특필되었겠지요.

주목받던 히브리 출신 정치 신인 모세
애굽인 살해 및 사체유기 혐의 입고 야반도주!
그의 정치적 생명은 이제 끝난 듯
믿을 만한 소식통에 의하면 미디안 광야로 몸을 피했다고…

모세에게는 그야말로 바닥을 알 수 없는 추락 그 자체였습니다. 그럼, 과연 하나님께서 광야 생활을 통해 모세에게 가르치고 싶으셨던 과목은 무엇이었을까요?

사전 답사

미디안 제사장에게 일곱 딸이 있었습니다. 그들이 와서 물을 길어 구유에 채우고 그 아버지의 양 떼에게 먹이려 하는데 목자들이 와서 그들을 쫓습니다. 그러자 이를 본 모세가 일어나 그 여인들을 도와 그 양 떼에게 물을 먹입니다.

"너희가 오늘은 어찌하여 이같이 속히 돌아오느냐?"

"한 애굽 사람이 우리를 위하여 물을 길어 양 떼에게 먹였나이다."

아버지가 딸들에게 다시 묻습니다.

"그 사람이 어디에 있느냐? 너희가 어찌하여 그 사람을 버려두고 왔느냐? 그를 청하여 음식을 대접하라."

이것이 계기가 되어서 모세는 이드로의 딸 십보라와 결혼을 하게 되고, 40년간 장인 이드로의 양을 치게 됩니다.

이 말씀 가운데 정말 중요한 의미가 들어 있습니다. 모세는 광야 생활 40년간 양 꽁무니를 열심히 쫓아다니며, 목자가 양을 어떻게 먹이며 이끌어야 하는지를 배웁니다. 왕궁에서 인간이 인간을 통치하는 법을 배웠다면 모세는 이제 광야에서 자기 자신을 다스리는 법을 배워야 했습니다. 하나님은 인간이 인간을 다스리는 통치 기술만을 가지고는 하나님의 일을 감당할 수 없다고 판단하셨던 모양입니다. 모세는 지성과 이성에 의해 판단하고 행동하는 인간이 아닌 본능에 의해 행동하는 양을 상대해야 했습니다. 그리고 양을 통하여 온유와 겸손을 배우게 됩니다.

구약에서 훌륭한 리더십을 발휘했던 지도자를 꼽으라면 모세와 다윗을 꼽을 수 있겠는데, 이들의 공통점은 모두 광야에서 양을 쳐 본 경험이 있다는 사실입니다. 하나님의 일은 사람을 다스리는 정치력, 제도를 정비하는 조직력만 가지고는 되는 것이 아닌 모양입니다. 하나님은 40년 동안 모세에게 겸손을 가르치셨습니다. 그래서 동족을 구하기 위해서 살인도 마다하지 않던 혈기왕성한 모세를 "이 사람 모세는 온유함이 지면의 모든 사람보다 더하더라"(민 12:3)라고 평가받는 사람으로 준비시키십니다.

광야 생활이 갖는 또 하나의 중요한 의미는 모세가 39년 6개월간 이스라엘 백성을 이끌 사역지인 시나이반도를 사전 답사할 수 있었다는 점입니다. 모세는 현장 실습을 제대로 한 것이지요. 그렇다면 초라한 망명 생활이었던 광야에서의 40년은 사실 꼭 필요한 시간이었으며 훈련 기간이었습니다. '출애굽'이라는 하나님의 원대한 계획 성취를 위한 필수과목이었던 것이지요.

하지만 40년간 실제로 광야 생활을 해야 하는 모세에겐 더할 나위 없이 길고 힘든 시간이었습니다. 모세가 광야에 처음 발을 디뎠을 때 하나님께서 모세를 불러서 "여기가 앞으로 네가 이스라엘 백성들을 이끌고 일할 곳이야. 애굽에서 못 배운 온유학을 여기서 공부하도록 해. 다 써먹을 날이 올 거야."라고 토닥여 주셨으면 얼마나 위로가 되었을까요? 그러나 모세는 하나님의 계획에 대해서는 전혀 들은 바 없이 40년 동안을 그야말로 내동댕이쳐져 있었습니다.

우리 삶에 찾아오는 고난의 시간들이 어쩌면 하나님께서 우리를 준비시키는 시간일 수 있습니다. 다만 우리가 그 사실을 모를 뿐이지요.

모세의 삶에 있어서 80년의 긴 세월은 모든 시대와 민족을 향한 하나님의 준비였습니다.

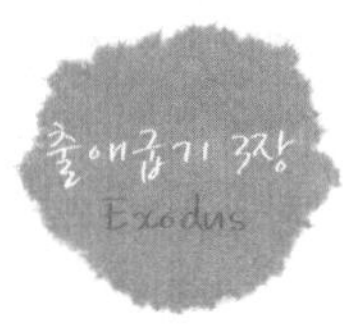

모세가 베테랑 목동이 되고도 남음 직한
시간이 흘렀습니다

> 하나님은 기다리셨습니다.
> 종의 자리로 낮아져 엎드릴 수 있는
> 사람을 기다리셨습니다.

출애굽기 3장은 '출애굽의 큰 틀 짜기'라고 표현해도 좋을 듯합니다. 드디어 밝히시는 하나님의 출애굽 계획! 참으로 가슴 설레는 장입니다. 다시 말해 이 장은 창세기 15장의 말씀을 확대 복사한 장이자, 출애굽의 전 과정을 축소 복사한 장입니다. 하나님은 모세가 40년 전 혼자 힘으로 시도했다 실패했던 출애굽을 이제 직접 실행하시기 위해 모세에게 먼저 되어질 일들을 도장찍듯 선명하게 보여 주고 계십니다. 아울러 이전까지 한 개인에 대한 하나님의 부르심이 공동체, 즉 이스라엘 민족에 대한 부르심으로 바뀌는 것을 알 수 있습니다.

광야 한복판에서 모세에게 선포되어지는 하나님의 이 가슴 벅찬 출애굽 프로젝트를 멀리 애굽 땅에서 이스라엘 백성들이 들었더라면 아마 나르고 있던 흙벽돌을 던져 버리고 환호성이라도 질렀을 것입니다. 모세 한 사람에 대한 부르심은 더 이상 한 개인에게 머물지 않고 온 이스라엘 백성들에 대한 부르심으로 바뀐 것이지요. 창세기를 포함한 모세오경 전체의 숲에서 볼 때, 아브라함을 시작으로 개인을 부르셨던 하나님이 이제는 공동체를 부르시는 하나님이 되셨습니다.

베테랑 목동

모세가 베테랑 목동이 되고도 남음 직한 시간이 흘렀습니다.

여호와의 사자가 떨기나무 불꽃 가운데서 모세에게 나타납니다. 모세가 보니 떨기나무에 불이 붙었으나 사라지지 아니합니다.

"내가 돌이켜 가서 이 큰 광경을 보리라. 떨기나무가 어찌하여 타지 아니하는고."

여호와께서 호렙 산 떨기나무 불꽃 사이에 나타나시는 이 이적을 모세가 나이 80세에 체험한다는 것은 참 흥미로운 일입니다. 그리고 이 이적은 모세가 사명을 앞두고 체험한 것이라는 점에 주목할 필요가 있습니다.

하나님께서 이적을 보이실 때에는 대개 사명을 맡기시기 위함입니다. 예수님께서 베드로에게 많은 고기가 잡히는 것을 보이신 후, 사람을 취하는 사명을 맡기셨던 것도 그 좋은 예 중 하나입니다(눅 5:1-11). 이적을 체험하고 난 후 이적 자체에 붙들려 사명을 도외시하거나 망각한다면 이적을 베푸신 하나님의 마음을 읽지 못하는 것이라 하겠습니다.

하나님이 떨기나무 가운데서 모세를 불러 세우십니다.

"모세야! 모세야!"

"내가 여기 있나이다."

"이리로 가까이 오지 말라. 너의 선 곳은 거룩한 땅이니 네 발에서 신을 벗으라."

고대 근동에서 종들은 신을 신지 못했습니다. 주인들만이 신을 신을 수 있었습니다. 그러면 하나님이 모세를 부르셔서 신을 벗으라고 말씀하신 이유는 무엇이었을까요? 종의 자리에 서라는 것입니다. 모세는 한 때 왕족의 자리에 있었습니다. 그러나 40년의 훈련 후 하나님은 모세를 종으로 부르고 계십니다.

종이란 무엇입니까? 종은 자기 자신의 주인이 아닙니다. 종은 주인이 따로 있습니다. 종은 주장하지도 내세우지도 못합니다. 주인의 명령에 의해서 엎드리는 자입니다.

하나님은 부모를 통한 신앙 교육만 가지고는 모세를 쓰실 수가 없었습니다. 학식 교육만으로는 하나님의 사명을 감당케 하실 수 없었습니다. 온유하다는 것 하나만으로는 당신의 사람으로 사용하실 수 없었습니다. 종의 자리에 있는 사람, 그 사람을 통해서 하나님은 당신의 일을 이루시는 것입니다.

하나님은 모세가 종의 자리에 내려오기까지 장장 몇 년을 기다리셨습니까? 80년을 기다리셨습니다. 하나님은 히브리인들의 울분과 고통의 소리를 내내 듣고 계셨습니다. 언제까지입니까? 사람이 준비될 때까지입니다.

하나님은 기다리셨습니다

하나님은 기다리셨습니다. 종의 자리로 낮아져 엎드릴 수 있는 사람을 기다리셨습니다. 광야 생활 40년을 정리하는 시점에 대해 사도행전은 "사십 년이 차매"(행 7:30)라고 표현하고 있습니다. 사십 년이 '찼다'는 것은 어찌어찌하다 보니 40년이 훌쩍 가 버렸음을 의미하는 것이 아니라 모세가 엎드려 조아리는 겸손한 자가 되기를 기대하시는 하나님의 계획된 기간이 경과하였음을 의미합니다.

생각해 봅시다. 만일 이 사람 모세가 엎드리지 않았다면 존귀하시고 엄위하신 하나님 앞에 그 당시 이스라엘 백성들은 살아남지 못했을 것이며 또한 노예근성으로 패역무도하기 이를 데 없는 이스라엘 백성들이 모세를 살려 두지 않았을 것입니다.

하나님과 이스라엘 백성 사이에서 엎드려서 겸손히 하나님의 일을 감당할 자로 준비된 모세, 그를 이제 하나님은 바로에게로, 이스라엘 백성에게로 보내십니다.

하나님은 출애굽의 결심을 모세에게 선포하십니다.

> "이제 내가 너를 바로에게 보내어 너에게 내 백성 이스라엘 자손을 애굽에서
> 인도하여 내게 하리라"(10절)

그리고 출애굽을 위해 바로에게 보내어질 자가 다른 누구도 아닌 모세임을 밝히십니다.

모세를 통해서 바로를 맞상대하게 해야 피해가 적습니다. 그렇지 않고 잘못하면 두 민족 사이에 살육의 전쟁이 끝도 없이 진행될 수도 있을 것입

니다. 모세가 상대하고 하나님이 기적을 베풀어도 장자들을 죽이지 않고는 빼내 오기가 힘들 것인데, 하물며 민중 해방이나 민족해방전쟁으로 가면 어떻게 되겠습니까? 이것은 한두 사람이 죽는 것으로 해결될 문제가 아닐 것입니다. 이렇게 하나님이 치밀한 계획을 세우시고 모세를 통해서 6개월 의 시간을 보내야 이스라엘 백성들을 한 사람도 죽이지 않고 애굽 사람들 도 최대한 살리면서 출애굽 사건을 이룰 수 있습니다. 그렇지 않으면 피비 린내 나는 살육의 전쟁으로 끝나 버릴 수도 있을 테니 말입니다. 그런 측면 에서 본다면 '내가 너를 바로에게 보내리라' 하신 것은 아주 중요한 말씀 입니다.

바로와 맞상대할 수 있는 자, 애굽 최고의 권력자에게 하나님의 계획을 밝히고 설득시킬 수 있는 자는 80년 동안 준비된 너, 모세라는 깊은 의미 가 있는 것입니다. 모세 정도 되는 인물이어야 혁명이나 독립 전쟁을 하지 않고, 피 흘림을 최소화하고 이스라엘 백성을 애굽에서 빼낼 수 있다는 하 나님의 계획을 오랜 기다림 끝에 선언하고 계십니다. '바로에게 모세를 보 낸다'는 것은 이렇게 하나님의 치밀한 섭리 속에서 이해되어져야 할 것입 니다.

이때, 모세가 하나님께 묻습니다.

> "내가 이스라엘 자손에게 가서 이르기를 너희의 조상의 하나님이 나를 너희
> 에게 보내셨다 하면 그들이 내게 묻기를 그의 이름이 무엇이냐 하리니 내가
> 무엇이라고 그들에게 말하리이까"(13절)

> "나는 스스로 있는 자이니라 또 이르시되 너는 이스라엘 자손에게 이같이 이
> 르기를 스스로 있는 자가 나를 너희에게 보내셨다 하라"(14절)

이어서 말씀하십니다.

하나님은 이스라엘 자손들에게 모세의 요청에 의하여 당신을 이렇게 소
개하라고 말씀하십니다. '아브라함의 하나님', '이삭의 하나님', '야곱의
하나님'이시고 '스스로 있는 자'라고 당신을 소개하십니다.

우리는 아브라함이 하나님께 어떻게 순종했으며, 이삭이 하나님을 어떻
게 섬겼는지, 야곱이 결국에는 하나님께 어떻게 꿇어 엎드렸는지 잘 알고
있습니다. 이스라엘 백성들도 자신들의 선조들의 이야기를 대대로 전해 들
어 잘 알고 있었을 것입니다. 지금 하나님께서는 바로 그 하나님으로 당신
을 규정하고 계십니다. 이야기로만 듣던 믿음의 조상들이 섬겼던 하나님,
그들을 친히 부르시고 함께 일하시고 그들의 하나님이 되시기 원하셨던 그
하나님께서 이제 고된 노역에 등이 휘어 버린 이스라엘 백성들의 하나님으
로 다가오고 계신 것입니다.

설득당한 모세,
그는 이제 누군가를 설득해야 합니다

다 포기하고 싶어질 때,
하나님은 그를 일으키셔서 설득하여
하나님의 사역을 감당케 하시는 것 같습니다.

출애굽기 3장이 하나님이 모세에게 밝히신 출애굽의 청사진이라면, 이 장은 하나님의 계획에 대한 모세의 반응입니다. 3장에 이어 출애굽의 큰 틀짜기가 계속 이어진다고 하겠습니다. 3장에서 출애굽의 당위성을 설명하셨던 하나님께서 이 장에서는 두 가지 기적을 통해서 모세의 마음을 움직이려고 애를 쓰고 계신 것이지요. 또한 하나님께서 모세를 설득하시는 가운데 보여 주시는 기적은 애굽에 가서 모세가 행할 것들의 예표였습니다.

이렇게 하나님이 땀을 흘리십니다. 하나님께서 꿈을 꾸고 계시기 때문입니다. '하나님이 설득하신다'는 측면을 빼놓고 출애굽기 4장을 볼 수는 없습니다.

하나님께서 40년 동안 결이 다 썩은 모세를 설득하시고, 설득당한 모세가 이제 주위 사람들을 하나씩 설득해 갑니다.

모세를 설득하시는 하나님

모세 : 그러나 그들이 나를 믿지 아니하며 내 말을 듣지 아니하고
이르기를 여호와께서 네게 나타나지 아니하셨다 하리이다.

출애굽의 청사진을 보고 난 모세의 반응은 이렇듯 소극적이었습니다. 그도 그럴 것이 예전에 자기가 왕자의 신분을 가지고 무슨 일을 하고자 하였을 때에도 이스라엘 백성들은 시큰둥했었습니다. 그런데 40년이 지난 마당에 지팡이 하나 들고 가서 '이렇게 하자. 저렇게 하자.' 하면 말을 듣겠느냐는 것이지요.

이에 대해서 하나님은 기적을 베풀 수 있다고 설득하십니다. 하나님의 사역자를 세우시기 위하여 노력하고 있는 것이지요.

여기서 우리는 하나님의 일하시는 방식을 배워 가면서 그대로 실천해야 하는 것이 아닌가 생각됩니다. 한 사람에게 직접 다가가셔서 실질적으로 그 일을 하게끔 간절하게 설득 작업을 해 나가시는 방식, 명령 한 마디로 일을 시키시기보다는 인격적으로 대하시며 노력하시는 모습을 배워야 할 것입니다.

그래도 모세는 여전히 고개를 내젓습니다.

모세 : 주여 나는 본래 말에 능치 못한 자입니다.
　　　주께서 주의 종에게 명령하신 후에도 그러하니
　　　나는 입이 뻣뻣하고 혀가 둔한 자입니다.

하나님 : 누가 사람의 입을 지었느냐? 누가 말 못하는 자나 못 듣는 자나
　　　눈 밝은 자나 맹인이 되게 하였느냐? 나 여호와가 아니냐? 이제 가라.
　　　내가 네 입과 함께 있어서 할 말을 가르치리라.

모세 : 주여, 보낼 만한 자를 보내소서.

하나님 : 레위 사람 네 형 아론이 있지 아니하냐!
　　　그가 말 잘하는 것을 내가 아노라.
　　　그가 너를 만나러 나오나니 그가 너를 볼 때에
　　　그의 마음에 기쁨이 있을 것이라.

이렇게 하나님과 모세의 실랑이가 이어집니다. 하나님은 급기야 노를 발하시기까지 하지만 강하게 밀어붙이시는 하나님과 끝내 승복하는 모세와의 관계에는 어딘지 끈끈함이 느껴집니다.

하나님께서 한 사람에게 사명을 맡기실 때에 요구하시는 과정은 때로는 집요하기까지 합니다. 그런 훈련의 과정 후, 더 이상 인간으로서는 일어설 힘이 없을 때, 그래서 다 포기하고 싶어질 때, 하나님은 그를 일으키셔서 설득하여 하나님의 사역을 감당케 하시는 것 같습니다.

언사에 능했던 모세가 자신의 입술을 뻣뻣하다고 할 때까지, 혼자 힘으로 동족을 구해 보겠노라던 의기양양함은 모두 사라지고 결이 다 썩어 버릴 때까지 기다리셨다가 그제서야 온전히 하나님으로부터만 힘을 얻고, 하나님만을 의지하여 다시 일어서기를 기다리시는 분. 하나님은 그런 분이신가 봅니다.

하나님이 사역자를 세우시기 위하여 노력하고 있습니다. 하나님이 이스라엘 백성들을 출애굽시키겠다는 계획을 이루기 위해 모세를 향하여 땀을

흘리시는 것입니다. 출애굽에 대한 당위를 설명해 놓으시고 '네가 하면 좋겠다. 네가 적임자다.' 하고 모세에게 다가가서 간절하게 설득하십니다. 모세를 붙잡으시기 위해서 노력하시는 모습이지요. 꿈이 있는 자는 땀을 흘려야 된다는 것입니다.

하나님이 땀을 흘리십니다. 하나님이 꿈을 꾸고 계시는 것입니다.

여기에서 우리는 일을 시키시면서 동역자까지 준비하시고 협력의 길을 터놓으시는 하나님을 만날 수 있습니다. 이야기가 여기까지 이르자 모세는 설득당합니다. 한두 번 뒤로 물러서 보지만 결국엔 하나님 앞에 설득당하는 모세의 이야기가 4장 전반부입니다.

누군가를 설득해야 합니다

이제부터 모세의 앞길에는 다른 사람들을 부지런히 설득하는 일이 놓여 있습니다. 장인, 부인, 아론, 장로들, 이스라엘 백성들을 설득해야 하고 바로까지 설득해야 하는 것입니다. 하나님의 일을 할 때에는 독불장군처럼 혼자 할 수는 없고 주위의 도움과 협조를 구할 수밖에 없습니다. 그러나 그 방식은 주먹질이나 훈계조가 아니라 '설득'이어야 할 것입니다. '하나님의 일을 한다는 데에 무슨 잔소리가 그리 많냐?' 내지는 '하나님의 일을 하는 나를 안 도와주면 네 신상에 안 좋아!' 라는 식의 태도는 하나님의 일을 맡은 자의 자세가 아니라고 봅니다.

때로는 하나님의 일을 위임받은 자가 자신이 마치 하나님과 동급으로 높아진 것으로 착각하고 자신을 방해하는 사람들을 가벼이 취급하는 안타까운 모습을 보게 됩니다. 그러나 오히려 악한 길에 서 있는 사람들에게까지도 다가가서 설득하고 권면하고 당부하는 역할만이 우리 그리스도인에게 맡겨져 있을 따름입니다.

나귀의 발굽 소리와 함께 모세의 순종의 행로가 시작되고 있습니다.

사실 하나님의 설득이 없었으면 모세는 애굽에 갈 사람이 아닙니다. 애굽에 돌아갈 마음이 없었기에 40년 동안 안 간 것 아니겠습니까? 그러나 하나님의 설득을 받고 하나님의 지팡이에 의지하여 순종의 길을 갑니다. 모세는 이때부터 죽을 때까지 하나님 앞에 순종합니다. 오합지졸 이스라엘 백성들과 함께 시나이반도를 헤매는 그의 사역의 여정이 결코 쉽지는 않았으니 모세는 그의 남은 여생 동안 순종에 순종을 다하려고 힘써 애씁니다. 그의 순종의 사역은 참으로 아름답고 귀감이 되는 사역이었습니다.

모세를 흔히 불세출의 지도자라 일컫습니다. 지도자란 무엇을 하는 사람입니까? 명령하고 강제하여 다른 이들의 순종을 요구하는 자 아닙니까? 그러나 모세는 지도자이기 이전에 스스로가 철저히 순종했던 자였습니다. 모세의 앞으로의 사역은 '하나님이 명하신 대로….' 라는 문구를 앞에 걸고 행해집니다. 모세는 지도자가 갖추어야 할 전제 조건이 무엇인지 몸으로 보여 준 진정한 지도자였습니다.

출애굽의 이유

하나님께서 이스라엘 백성을 불러내어 장자로 세우시는 이유가 무엇입니까? 하나님이 그들을 통해서 섬김을 받고자 하시기 때문입니다. 여기에 출애굽의 이유가 있는 것이지요.

아들을 낳아도 키울 수 없는 형편이요, 진흙을 이기고 흙벽돌을 나르는 일로 일생을 보내야 하는 판국이니, 학정과 폭압 속에서 인간의 기본적인 권리마저 박탈당한 채 살아가고 있는 처지에서 해방되어야 하는 당위도 부인할 수 없습니다. 그러나 하나님은 이스라엘 백성들의 삶의 외형적 조건을 자유케 하시는 것 외에 그들을 하나님의 것으로 정하시고 그들의 삶이 하나님의 말씀대로 사는 삶이 되기를 원하고 계시는 것입니다.

하나님의 부르심의 목적을 들은 모세는 이제 지팡이 하나 손에 쥐고 순종하여 애굽 한복판으로 향해 가고 있습니다.

바로 그 무렵 여호와께서 애굽에 있는 아론을 찾아가 말씀하십니다.

"광야에 가서 모세를 맞으라."

이제 모세가 40년 만에 만난 형 아론을 동지로 설득합니다. 부지런히 가족들을 동지로 설득해 내어야 하는 것입니다. 여호와께서 모세에게 하신 말씀과 명하신 모든 이적들을 아론에게 다 고하고 있습니다. 이 부분을 소홀히 해서는 안 됩니다. 가족들을 끌어들여야 합니다. 가까운 데서부터 지지를 받아야 합니다.

모세는 지금부터 하려는 그 일에 아론을 설득하여 동지로 만듭니다. 쉽지 않지만 그럼에도 불구하고 아론을 동지로 삼고 나서 그의 누나 미리암도 동지로 삼았습니다. 이때부터 이 삼 남매는 평생 함께 사역을 하는 든든

한 동역자가 됩니다. 모세의 이런 모습은 주의 일을 맡은 자들이 주의 일을 행함에 있어서 주변의 사람들을 어떻게 설득하며 안아가야 하는지 좋은 예가 되어 줍니다.

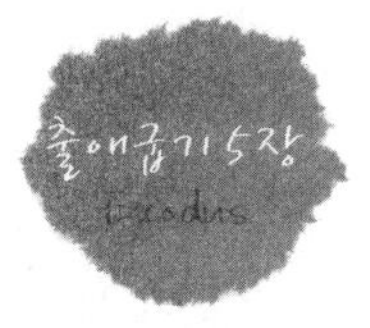

여호와의 이름으로 나아갔다는 것,
이것은 모세가 살기 위한 길이었습니다

모세가 자신을 메신저의 위치에 갖다 놓았기 때문에
바로의 거절을 들었을망정
살아 나올 수는 있었던 것입니다.

출애굽기 5장에는 애굽으로 돌아온 모세가 바로에게 나아가 이스라엘 백성을 광야로 가게 할 것을 요구합니다. 이에 대해 바로가 상식 이하의 요구를 하며 이스라엘 백성을 더 억압하는 내용이 나옵니다. 이 장은 바로와 애굽 백성들이 재앙을 받아야 되는 이유가 무엇인지를 보여 주고 있습니다. 그것은 바로의 완악함과 강퍅함 때문이었습니다. 모세와 이스라엘 백성들을 이간질하는 바로에게 하나님의 10가지 재앙이 임하게 되는 것이지요.

쉽지 않은 설득

바로 왕의 학대가 더욱 심해지고 있습니다. 모세와 아론의 방문 때문이었습니다. 구체적으로 '내 백성을 보내라. 그들이 광야에서 내 앞에 절기를 지킬 것이다.' 라는 하나님의 말씀 때문이었습니다.

바로의 대답을 들어 보십시오.

> "여호와가 누구이기에 내가 그의 목소리를 듣고 이스라엘을 보내겠느냐 나는
> 여호와를 알지 못하니 이스라엘을 보내지 아니하리라"(2절)

모세와 아론이 이스라엘의 장로들을 만났을 적에 그들은 비교적 빨리 모세와 아론에게 설득당합니다. 그래서 하나님께 경배하기도 합니다. 이것이 4장 말미의 내용이었지요. 그러나 바로를 만나서 설득하는 일은 호락호락하지 않았습니다.

여기서 우리는 이스라엘 백성들을 빼어 내겠다는 말로 인해 모세가 해를 입고 있지 않다는 점에 주목할 필요가 있습니다. 이는 모세가 서두에 "이스라엘의 하나님 여호와께서 이렇게 말씀하시기를"라는 전제를 달았기 때문입니다. 만약 모세가 하나님의 이름을 걸지 않고 그냥 '내 백성 내 놔. 내 민족이니 내가 끌고 간다. 안 그러면 전쟁이다.' 라고 했더라면 아마 바로는 모세를 그 즉시 죽여 버렸을 것입니다. 여호와의 깃발을 내려 버린 채 자기 깃발을 들고 나아갔을 경우에는 죽는다는 것이지요. 모세가 자신을 메신저의 위치에 갖다 놓았기 때문에 바로의 거절을 들었을망정 살아 나올 수는 있었던 것입니다.

우리는 때로 하나님, 예수 그리스도의 이름을 걸고 일을 시작하다가 뭔

가 일이 잘 풀린다 싶으면 자기 이름으로 슬그머니 바꾸어 넣고 싶은 유혹을 받습니다. 그러나 모세는 그리하지 않았다는 것을 귀감으로 삼아야 할 것입니다.

여호와의 이름으로 나아갔다는 것, 이것은 모세가 살기 위한 길이었던 동시에 모세가 불세출의 지도자가 될 수밖에 없었던 조건이었습니다.

고집스런 버티기

바로가 백성의 간역자들과 패장들에게 명령합니다.

> "너희는 백성에게 다시는 벽돌에 쓸 짚을 전과 같이 주지 말고 그들이 가서 스스로 짚을 줍게 하라 또 그들이 전에 만든 벽돌 수효대로 그들에게 만들게 하고 감하지 말라 그들이 게으르므로 소리 질러 이르기를 우리가 가서 우리 하나님께 제사를 드리자 하나니 그 사람들의 노동을 무겁게 함으로 수고롭게 하여 그들로 거짓말을 듣지 않게 하라"(7–9절)

바로는 일면 배짱이 두둑하고, 모세의 의도를 꿰뚫어 보는 정치적 안목이 있었으며, 자신의 원하는 바를 쟁취하고야 마는 똑똑한 사람이라고 볼 수도 있겠습니다. 그러나 바로의 이러한 자세는 하나님 앞에서는 물론 인간 앞에서도 참으로 교만한 것입니다. 그리고 자신의 백성들을 더 괴롭히는 것입니다.

바로의 감독들이 자기들이 세운 이스라엘 자손의 기록원들을 때리며 말합니다.

"너희가 어찌하여 어제와 오늘에 만드는 벽돌의 수효를 전과 같이 채우지 아니하였느냐?"

바로는 애굽 백성들 가운데 감독들을 세웠고, 감독들은 또 이스라엘 사람들 가운데서 기록원들을 세웠습니다. 그런데 이스라엘 사람들 가운데서 세워진 기록원들을 마구 때립니다. 이것은 사실 모세와 이스라엘 백성들 사이를 이간질시키려는 바로의 전략인 것이지요.

> "당신의 종들에게 짚을 주지 아니하고 그들이 우리에게 벽돌을 만들라 하나
> 이다 당신의 종들이 매를 맞사오니 이는 당신의 백성의 죄니이다"(16절)

이스라엘 자손의 기록원들이 바로에게 가서 하는 얘기입니다. 그러나 바로가 대답합니다.

> "너희가 게으르다 게으르다 그러므로 너희가 이르기를 우리가 가서 여호와께
> 제사를 드리자 하는도다"(17절)

'우리가 가서 여호와께 제사를 드리자' 라는 말은 모세가 한 얘기입니다. 이스라엘 기록원들은 바로의 이 말을 듣고 자기들에게 화가 미치는 그 모든 이유가 모세 때문이라는 것을 발견하게 되는 것입니다. 사실은 모세 때문이 아니라 바로 때문인데 말입니다. 바로는 자기 때문에 자초된 일을 모세 때문이라고 둘러침으로써 이스라엘 백성들로 하여금 오해하게 합니다.

그러자 이스라엘의 기록원들이 모세와 아론을 만나서 원망합니다. 이 기록원들은 단지 눈앞에 있는 내용만 보고 정말 깊이 있는 내용을 못 보는 것 같습니다. 이 일이 누구 때문인지 정확히 보아야 함에도 불구하고, 이들은 모세에게 설득당하기보다는 바로에게 설득당한 것입니다.

"오, 모세시여. 가서 기도하소서. 이 고통이 왜 있는지 우리가 압니다.

당신도 괴로운 줄 압니다. 우리는 하나님의 구원의 은혜가 너무도 필요합니다."

이렇게 말해야 되는 것입니다. 그런데 오히려 바로의 계획에 설득당하고는 모세를 죽이자 하고 있으니, 지팡이 하나 들고 있는 사람 죽여서 뭐 하겠습니까? 그들이 제대로 못 본 것이지요. 바로의 정치적 장난에 속아버린 것입니다. 힘 가진 사람들에게 굴복하는 것입니다.

모세가 여호와께 돌아와서 기도합니다.

> "주여 어찌하여 이 백성이 학대를 당하게 하셨나이까 어찌하여 나를 보내셨나이까"(22절)

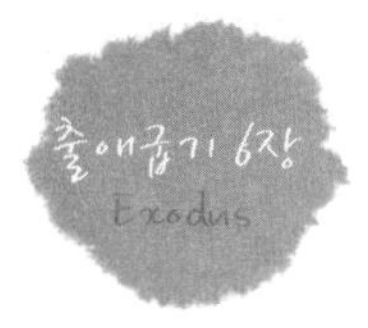

하나님의 기적을 체험한 사람도 크고 작은 난관에
허다하게 부딪힐 수밖에 없는 것입니다

그들은 마음의 상함과 가혹한 노역으로 인하여
모세의 말을 듣지 않습니다.
모세는 이런 상황에서 일을 합니다.

출애굽기 6장은 백성들의 불평에 대해 호소하는 모세를 하나님이 격려하는 장면과, 모세와 아론의 조상에 대해 기록하고 있습니다. 바로와 이스라엘 모두로부터 거절당한 모세가 하소연하는 상황에서 하나님은 '너희를 내 백성으로 삼고 나는 너희의 하나님이 되리라' 라는 중대한 말씀을 하십니다. 출애굽기 초기 사역이 흔들리고 있는 시점에 하신 하나님의 이 말씀은 적어도 500년 이상의 긴 약속의 연장선에서 그 약속을 반복하시는 가운데 나온 말씀이요, 이후 이스라엘 역사 속에 움직일 수 없는 기초가 됩니다.

중대 발언

모세가 바로에게 하나님의 뜻을 전달하자 완악한 바로는 이를 거부하며 이스라엘 백성에 대한 폭정을 강화하게 되고, 바로의 궤계로 인하여 이스라엘 기록원들까지도 바로 편으로 돌아서 버렸습니다.

이러한 상황에서 하나님은 모세가 흔들리지 않도록 중대한 발언을 하십니다.

> "너희를 내 백성으로 삼고 나는 너희의 하나님이 되리니 나는 애굽 사람의 무거운 짐 밑에서 너희를 빼낸 너희의 하나님 여호와인 줄 너희가 알지라"(7절)

백성들까지 바로의 방식에 합류해 버려 거의 포기할 지경에 이른 모세와 아론에게 하나님께서 '너희를 내 백성으로 삼고 나는 너희의 하나님이 되겠다' 라는 말씀을 처음으로 하십니다. 이는 '내 장자로 삼겠다' 는 말씀을 구체화한 것으로 아브라함으로부터 내려오는 약속의 연장선 상에 있는 동시에, 향후 우여곡절 많은 이스라엘 역사 속에서도 움직일 수 없는 초석이 되는 상당히 중대한 발언입니다.

모세는 사실 하나님의 이 말씀의 기반 위에 서 있다는 것을 확인시켜 주고 있습니다. 백성들이 원망하고 장로들이 돌아설 때 모세도 인간인지라 흔들리고 약해질 수밖에 없지요. 그러나 이제 '내 백성' 을 위하여 하나님께서 일하시겠다는 말씀을 하시면서 모세에게 말할 수 없는 위로를 주고 계시는 모습입니다.

> "이제 내가 바로에게 하는 일을 네가 보리라 강한 손으로 말미암아 바로가 그들을 보내리라 강한 손으로 말미암아 바로가 그들을 그의 땅에서 쫓아내리라"(1절)

이제 하나님이 일하시겠다는 것입니다.

모세가 이 말씀에 다시 힘을 얻고 이 같은 이야기를 백성들에게 전합니다. 아직 안타까운 사실은 '여호와 하나님이 너희를 자기 백성 삼으실 것이고, 이제 하나님이 일하심으로 말미암아 애굽이 우리를 보내 줄 것이며 쫓아낼 것이다.'라는 이 놀라운 메시지를 듣고도 이스라엘 백성들은 모세를 따르지 않는다는 것입니다.

모세가 '여호와 하나님이 우리를 하나님의 백성 삼으시고 그는 우리의 하나님이 되실 것이다'라는 얘기를 기운 내서 다시 이스라엘의 장로들에게 말합니다. 그들이 '할렐루야! 아멘!' 했으면 좋았을 것입니다. 그러나 그들은 마음의 상함과 가혹한 노역으로 인하여 모세의 말을 듣지 않습니다. 모세는 이런 상황에서 일을 합니다.

성령 충만한 하나님의 사람이라 해서 그의 앞에 항상 꽃길만 놓여 있는 것은 아닙니다. 하나님의 기적을 체험한 사람도 크고 작은 난관에 허다하게 부딪힐 수밖에 없는 것입니다. 하나님의 일들을 거의 그렇게 하고 있는 것 같습니다. '기도하고 아침에 눈을 떠 보았더니 문제가 다 해결되었다'든지 '소복하게 만나가 내리는 것처럼 아무 문제없이 평안해졌다'든지 하는 것이 하나님의 일이라고 생각을 하는 경향이 있습니다. 그러나 바로에게 갔다가 이스라엘 장로들에게 갔다가 하나님께 갔다가 하면서 일의 과정을 조정하는 모세를 보십시오. 이렇게 모세의 사역은 애가 타고 피가 마르는 사역이었습니다. 바로와 이스라엘 백성, 그리고 하나님 사이를 오가며 모세는 가슴 타는 사역을 해내고 있습니다.

파트너

하나님께서는 이 와중에 이스라엘 자손들 집의 어른들을 세우십니다. 이것은 상황 여하를 불문하고 세워진 사람들을 통하여 하나님의 계획을 추진하시겠다는 뚜렷한 의사표시인 동시에 조직을 갖추고 책임자를 세운다는 의미도 함께 담겨 있습니다.

"그들의 조상을 따라 집의 어른은 이러하니라" 하면서 구체적인 세우심의 내용이 나오는데 여기에 이스라엘 열두 지파의 형태가 드러납니다. 출애굽기 6장에 나오는 이 집안 어른들의 이름은 이후 민수기 1장에서 이스라엘 백성을 계수하는 초석이 됩니다.

여기에서 모세의 귀중한 파트너로 아론이 세움 받았다는 사실을 음미할 필요가 있습니다.

> "아론의 아들 엘르아살은 부디엘의 딸 중에서 아내를 맞이하였고 그는 비느하스를 낳았으니 이들은 레위 사람의 조상을 따라 가족의 어른들이라 이스라엘 자손을 그들의 군대대로 애굽 땅에서 인도하라 하신 여호와의 명령을 받은 자는 이 아론과 모세요 애굽 왕 바로에게 이스라엘 자손을 애굽에서 내보내라 말한 사람도 이 모세와 아론이었더라"(25-27절)

사실 하나님께서는 모세와 아론을 동시에 부르셨습니다. 이스라엘 자손을 그 군대대로 애굽 땅에서 인도하라 하신 여호와의 명을 받은 자는 아론과 모세입니다. 그러므로 적어도 아론이 아주 중요한 모세의 파트너로 세워지는 것 같습니다.

우리는 출애굽 및 당시의 일련의 사건들을 모세 중심으로만 보려 하지만 모세 혼자 다하는 것은 아닙니다. 여호와께서 아론 또한 아주 중요한 사람으로 세우셔서 그 일들이 시작될 수 있도록 하시는 것입니다. 사실은 모세를 부르면서 아론을 같이 불렀다고 보아야겠습니다. 적어도 하나님의 입장에서는 아론과 모세의 역할이 모두 중대한 것이었습니다. 모세에게는 그 시대의 불세출의 지도자로서 율법을 증거하고 이스라엘 백성을 출애굽시켜 내는 일을 맡기셨으며, 아론은 1400년 역사 속에서 쓰임 받을 제사장 사명의 출발로 삼으셨던 것입니다. 이 점에서 아론이 세움을 받은 것은 간과할 수 없는 큰 나무에 해당한다 하겠습니다.

애굽인들은 지금
스스로 다음 재앙을 자초하고 있습니다

많은 것을 가진 사람은
어쩌면 그 모든 것을 내려놓기가 더 힘들어
하나님께 무모하게 대항하기도 하는가 봅니다.

출애굽기 7장에서는 하나님의 말씀을 받아들이지 않는 바로의 완악함으로 인해 하나님이 선언하셨던 재앙이 시작되고 있습니다. 하나님은 살아 있는 것들의 생명을 단축시킴으로써 바로를 향해 경고의 메시지를 보내고 계십니다.

출애굽기 5장에서 나타난 바로의 반응에 대해 하나님께서 본격적으로 '나는 여호와' 임을 알리기 시작하고 계십니다. 모세가 바로에게 처음 갔을 때 바로가 한 대답이 있지요. '나는 여호와를 모른다.' 그러니 하나님께서 당신을 알리기 시작하시는 것입니다.

협상 시작

여호와께서 모세에게 말씀하십니다.

> "볼지어다 내가 너를 바로에게 신 같이 되게 하였은즉 네 형 아론은 네 대언자
> 가 되리니 내가 네게 명령한 바를 너는 네 형 아론에게 말하고 그는 바로에게
> 말하여 그에게 이스라엘 자손을 그 땅에서 내보내게 할지니라"(1-2절)

모세와 아론은 사사롭게는 세 살 터울의 형과 아우 지간이지만 하나님의 일을 함에 있어서는 모세 사역의 통로 역할을 아론이 담당합니다. 아론은 대언자로서의 역할에 만족하고 충실함으로써 모세의 사역에 합력하여 선을 이루는 것이지요.

사실 모세는 애굽을 떠난 지 40년이 흘렀기 때문에 애굽의 실정과 언어에 대해 감을 잃었을 수도 있습니다. 그러므로 애굽에 대해 훤히 알고 있는 아론이 대언자로서는 적격이었을 수 있습니다. 모세가 말을 더듬어서 아론이 대변인이 되었다는 소극적인 해석 외에 아론의 적격성에 근거한 적극적 해석도 가능하다고 봅니다.

> "모세와 아론이 바로에게 가서 여호와께서 명령하신 대로 행하여 아론이 바
> 로와 그의 신하 앞에 지팡이를 던지니 뱀이 된지라 바로도 현인들과 마술사들
> 을 부르매 그 애굽 요술사들도 그들의 요술로 그와 같이 행하되"(10-11절)

바로는 지금 군사력을 소유했다는 점과 이적을 행하는 요술사들을 가졌

다는 점을 이용해 하나님 앞에 대항하고 있습니다. 자기의 힘을 믿고 있기에 가능한 처사인 것이지요.

자신에게 뭔가 믿을 만한 힘이 있는 사람은 오히려 그것으로 하나님 앞에 대항하는 무기를 삼는 것 같습니다. 가진 게 없는 사람은 차라리 빨리 승복하고 마는데 말입니다. 우리에게도 바로의 비위를 맞추어 주는 요술사들과 같은 도구가 있을 수 있습니다. 학식, 재물, 관직이 바로 그런 도구들의 예가 될 수 있겠습니다. 많은 것을 가진 사람은 어쩌면 그 모든 것을 내려놓기가 더 힘들어 하나님께 무모하게 대항하기도 하는가 봅니다.

강의 물이 피로 변하여 고기가 죽어 갑니다. 애굽 백성들은 7일 동안 물을 먹지 못하고 있습니다. 말로 해서는 듣지 않는 바로에게 첫 번째 경고적 재앙이 내려지고 있습니다.

대항

여호와께서 모세와 아론에게 말씀하십니다.

> "바로가 너희에게 이르기를 너희는 이적을 보이라 하거든 너는 아론에게 말하기를 너의 지팡이를 들어서 바로 앞에 던지라 하라 그것이 뱀이 되리라"(9절)

모세와 아론이 "여호와께서 명령하신 대로 행하여"(10절) 바로 앞에 기적을 베풉니다. 얼마 전 "보낼 만한 자를 보내소서"라고 하며 티격태격하던 모습과 달리, 이제 모세는 하나님께서 시키시는 그대로 행하고 있습니다. 그러나 바로는 마음이 강퍅하여져서 모세와 아론이 잔재주를 부리는 정도로만 생각합니다. 바로 입장에서는 모세와 아론 정도는 충분히 대항해서 이길 힘이 있다고 보고 있는 것입니다.

하나님을 모르는 고로 안타까운 일이 계속됩니다. 여호와께서 다시 모세와 아론에게 말씀하십니다.

'여러 큰 심판' 이라는 표현이 눈에 띕니다. 결과적으로야 10가지 재앙을 내리시지만 현 시점에서는 재앙의 상한(上限)이 열려 있습니다. 100가지 재앙이 될 수도 있다는 것입니다. 또 하나님의 말을 들으면 더 이상의 재앙을 내리지 않을 수도 있다는 뜻입니다. 하나님께서는 바로의 태도에 대응하여 점차적, 단계적으로 재앙의 강도를 높여 가려 하시는 것입니다.

처음부터 장자를 모두 죽이는 재앙을 내리시지 않았다는 점을 주목해야 할 것입니다. 처음부터 첫 장자를 다 죽여 버렸으면 어떻게 되었을까요? 어떤 상상이 가능합니까? 바로가 당장 칼 들고 나와 이스라엘 백성들을 다 죽여 버렸을 수도 있습니다. 그래서 단계별로 재앙을 높여 가는 것입니다. 하나님께서 치밀하게 일하시는 모습을 볼 수 있습니다. 6개월 동안 이 단계를 밟아 감으로써 여호와를 알게 하며 당신의 말을 청종하는지 아니하는지를 지켜보시는 것입니다.

하나님 입장에서 이런 방법을 선택하지 않으면 '내 백성' 을 보존할 수가 없습니다. '여러 큰 심판을 내리고 내 군대, 내 백성 이스라엘 자손을 그 땅에서 인도하여 낼 것이다' 라고 말씀하십니다. 내 백성이라 하시는 그들을 잃어버리지 않기 위해서 단계별로 세심히 신경을 쓰십니다.

눈여겨볼 또 하나의 단어는 '내 군대' 입니다. 여기에서 내 군대라는 언급이 처음 나옵니다. 하나님의 군대는 여호와를 위해서 싸우는 것인데, 이 싸움은 창, 칼로 싸우는 바로의 싸움과 같은 것이 아니라 여호와의 율법을 들고 싸우는 싸움을 의미합니다.

> "나일 강의 고기가 죽고 그 물에서는 악취가 나니 애굽 사람들이 나일 강 물을 마시지 못하며 애굽 온 땅에는 피가 있으나 애굽 요술사들도 자기들의 요술로 그와 같이 행하므로 바로의 마음이 완악하여 그들의 말을 듣지 아니하니 여호와의 말씀과 같더라 바로가 돌이켜 궁으로 들어가고 그 일에 관심을 가지지도 아니하였고 애굽 사람들은 나일 강 물을 마실 수 없으므로 나일 강 가를 두루 파서 마실 물을 구하였더라 여호와께서 나일 강을 치신 후 이레가 지나니라"
> (21-25절)

바로의 마음이 강퍅해지는 것은 하나님께서 그의 마음을 그렇게 만드신 것이 아니라 바로 자신이 가지고 있는 힘 때문입니다. 바로는 이것을 포기하지 못하고 있습니다. 사실 애굽은 요셉으로 인해서 보존될 수 있었고, 바로가 가지고 있는 조건들도 하나님의 은혜일진대 이것을 하나님에 대한 대항의 도구로 사용하고 있는 것입니다.

바로의 마음이 왜 강퍅해지는지 깊이 생각해 보고 우리 안에 있는 바로의 마음 자세를 읽어 보아야 합니다. "바로가 돌이켜 궁으로 들어가고 그 일에 관심을 가지지도 아니하였고…." 바로는 이 모든 일들을 모세가 한 것으로 여기는 아주 대범한 사람입니다. 여기저기서 피가 나오는 이런 굉장한 사건들을 대수롭지 않게 여기는 사람입니다.

이 바로의 강퍅함이 곧 우리의 강퍅함일 수 있습니다. 우리가 가지고 있는 도구를 가지고 섬김과 사랑에 사용하지는 않고 자신의 자존심과 아성을 높이 쌓아 올리는 데에만 사용하는 강퍅함 말입니다.

애굽인들은 지금 스스로 다음 재앙을 자초하고 있습니다.

택함 받았다는 것은 먼저
훈련받는 조교로서 선별되었다는 의미입니다

구별은 환난을 안 받는다는 소극적인 측면보다
택함을 받은 것이라는 적극적인 측면으로
이해되어야 할 것입니다.

출애굽기 8장에는 이스라엘 백성들이 출애굽해야 하는 핵심적인 이유가 저변에 깔려 있습니다. "그들이 나를 섬길 것이니라"(1절). 출애굽의 진정한 이유는 이와 같이 이스라엘을 신앙공동체로 부르시기 위함이었습니다. 나아가 이것은 이스라엘의 사명입니다. 거룩한 백성, 제사장의 역할을 감당하는 백성으로 부르심이 출애굽의 제일의 목적이며 정치·경제적 해방은 출애굽에 따른 반사적 효력입니다.

또한 이 장에서 하나님께서는 '그들이 나를 섬길 것'이라는 말씀을 처음으로 하고 계십니다. 이 언급은 출애굽의 중요한 열쇠가 됩니다. 이 점에서 8장은 출애굽기 전체에서 가장 중요한 장으로 꼽힐 수 있겠습니다.

나와야 되는 이유

바로가 첫 번째 재앙인 피의 재앙을 간단히 무시하고 7일을 보냅니다. 피의 재앙이 애굽 전역에 있었는데, 마치 아무 일도 없었던 것처럼 바로가 이를 무시해 버리니 참 황당한 노릇입니다. 그러자 하나님은 모세를 다시 불러 말씀하십니다.

> "너는 바로에게 가서 그에게 이르기를 여호와의 말씀에 내 백성을 보내라 그
> 들이 나를 섬길 것이니라"(1절)

하나님과 이스라엘 백성과의 관계, 즉 거룩한 백성으로 하나님을 섬기며 제사장의 역할을 감당해야 한다는 이스라엘 백성의 사명을 명백히 밝히고 계시는 순간입니다.

이 말씀의 핵심은 '섬김'입니다. 출애굽한 공동체의 핵심 사명을 선포하시며, 이러한 사명 때문에 이제 계속 재앙을 내리실 것이고, 네 번째 재앙부터는 이스라엘과 애굽을 구별하시는 것입니다. 이 선언의 단초는 창세기 18장 19절에서 찾을 수 있습니다.

> "내가 그로 그 자식과 권속에게 명하여 여호와의 도를 지켜 의와 공도를 행하
> 게 하려고 그를 택하였나니 이는 나 여호와가 아브라함에게 대하여 말한 일을
> 이루려 함이니라"(창 18:19)

이 말씀에 의거하여 '섬김'의 내용을 구체화시켜 보면, 섬김이란 다름이 아니고 '여호와의 도를 지켜 의와 공도를 행하는 것'입니다. 이 언급은 향후 이스라엘 민족공동체의 정체성을 드러내는 결정적인 말씀인 것입니다.

이스라엘 백성들이 애굽을 나와야 하는 이유는 여러 면에서 제시될 수 있겠습니다. 정치적 해방, 경제적 해방도 그 중 하나의 이유는 될 수 있겠습니다. 그러나 하나님은 출애굽의 중대한 목적을 신앙공동체의 형성, 하나님 섬김이라 말씀하고 계십니다. 만약 이 최우선의 목적을 빼 버린 채 출애굽을 설명한다면, 모세는 이스라엘 백성을 정치적으로 해방시킨 사람일 뿐입니다.

경제적 이유 때문에

바로가 왜 이렇듯 못 내놓고 있는 것일까요? 그것은 종교적 이유 때문이 아니었습니다. 정치·경제적 이유 때문이었습니다. 바로의 끊임없는 집착, 즉 이스라엘 백성들을 애굽에 머물도록 버티게 하고 있는 것은 정치·경제적 이익을 포기할 수 없었던 것에 기인합니다.

하나님께서 바로의 거절을 심각한 문제로 인식하시고 계속해서 재앙을 베푸신 이유가 바로 여기에 있는 것이지요. 하나님이 내리신 재앙은 눈앞의 정치·경제적 이익에 눈이 어두운 이기적인 인간들에 대한 하나님의 불가피한 대응이었다는 측면에서 해석해야 할 것입니다.

"그들이 나를 섬길 것이니라 네가 만일 보내기를 거절하면 내가 개구리로 너의 온 땅을 치리라"(1-2절)

재앙은 바로가 '거절' 할 경우에만 시행됩니다. 즉 여기서라도 항복하면 하나님이 치시지 않습니다. 애굽에 드리워진 재앙이 결코 일방적이고 기계적인 재앙이 아니었음을 다시 한 번 확인할 수 있습니다.

하나님께서는 이어서 그림처럼 선명하게 재앙의 모습을 보여 주십니다.

> "개구리가 나일 강에서 무수히 생기고 올라와서 네 궁과 네 침실과 네 침상 위와 네 신하의 집과 네 백성과 네 화덕과 네 떡 반죽 그릇에 들어갈 것이며 개구리가 너와 네 백성과 네 모든 신하에게 기어오르리라 하셨다 하라"(3-4절)

누구를 섬길 것인가

바로의 완악함으로 인하여 내려진 재앙 중 처음 세 가지는 애굽과 이스라엘 모두에게 내려졌습니다. 이때 애굽은 물론 이스라엘도 힘들었을 것입니다. 그러나 네 번째 재앙부터는 이스라엘을 애굽과 구별하십니다. 여호와께서 모세에게 말씀하십니다.

> "여호와께서 모세에게 이르시되 아침에 일찍이 일어나 바로 앞에 서라 그가 물 있는 곳으로 나오리니 그에게 이르기를 여호와께서 이와 같이 말씀하시기를 내 백성을 보내라 그러면 그들이 나를 섬길 것이니라 네가 만일 내 백성을 보내지 아니하면 내가 너와 네 신하와 네 백성과 네 집들에 파리 떼를 보내리니 애굽 사람의 집집에 파리 떼가 가득할 것이며 그들이 사는 땅에도 그러하리라 그 날에 나는 내 백성이 거주하는 고센 땅을 구별하여 그 곳에는 파리가 없게 하리니 이로 말미암아 이 땅에서 내가 여호와인 줄을 네가 알게 될 것이라 내가 내 백성과 네 백성 사이를 구별하리니 내일 이 표징이 있으리라 하셨다 하라 하시고"(20-23절)

그러므로 여호와의 말씀대로 무수한 파리 떼가 애굽 전역을 뒤덮습니다. 그러자 바로가 모세와 아론을 부릅니다.

"너희는 가서 이 땅에서 너희 하나님께 제사를 드리라."

이 말에 바로의 생각이 담겨져 있습니다. 광야로 나가 희생을 드리겠다는 모세의 요구에 대해 바로는 '이 땅에서 희생을 드리라' 라고 말합니다. 이것은 모세의 요구를 들어준 것이 아닙니다. 바로는 종교적 자유를 허용한다 하더라도 정치·경제적 자유는 허용하지 않겠다는 생각을 가지고 있는 것입니다. 바로의 욕심의 정체는 이것입니다. 정치·경제적 이득을 계속해서 유지하겠다는 욕심 때문에 하나님의 말씀을 따르지 않고 있는 것입니다. 재앙의 강도가 깊어져 더 큰 희생이 있음에도 불구하고 바로는 이 욕심을 버리지 못하고 있습니다.

바로의 제안에 대한 모세의 대답을 들어 보십시오.

"그리함은 부당하니이다 우리가 우리 하나님 여호와께 제사를 드리는 것은 애굽 사람이 싫어하는 바인즉 우리가 만일 애굽 사람의 목전에서 제사를 드리면 그들이 그것을 미워하여 우리를 돌로 치지 아니하리이까 우리가 사흘길쯤 광야로 들어가서 우리 하나님 여호와께 제사를 드리되 우리에게 명령하시는 대로 하려 하나이다"(26-27절)

대개의 경우, 어느 정도 종교의 자유가 주어지면 타협해 버립니다.

종교의 자유가 주어지면, 이제 여호와께 제사를 드리는 자유를 쟁취한 것입니다. 그러나 만약에 정치·경제적 해방이라는 측면을 중요시 여기지 않고 애굽 땅에 머문다면 종교의 자유도 더 이상 의미가 없을 것입니다. 혹 '하나님을 제대로 섬기면 되는 것이지 무슨 정치·경제적 해방이 그렇게 중요합니까? 그런 것에는 신경 쓰지 맙시다. 우리가 종교의 자유를 확보하지 않았습니까?' 라고만 할 수는 없습니다.

최고 권력자로부터 여호와 하나님께 제사를 드리라는 허락을 받아 냅니다. 그러면 어떻게 해야 됩니까? 만약 여기에서 '희생을 드리겠습니다. 우리가 종교의 자유를 여기에서 가지겠습니다.' 라고 하게 되면 애굽 백성들과 대치 상황으로 가서 죽을 수도 있다는 것입니다. 그러므로 애굽 백성들로부터 정치적 해방을 해야 되겠다는 것입니다. 분명히 이런 것은 정치·경제적 해방을 이야기하는 것입니다.

그런데 이 정치·경제적 해방을 얘기하면서 이전의 그 핵심의 것, 이전에 여호와 하나님이 언급하신 것, 즉 '그들이 나를 섬길 것이다' 라는 이 신앙공동체로의 부름에 대해서 소홀히 한 채 이 부분으로 와서 바로 해방을 이야기한다면 주객이 전도되는 것입니다. 그러나 정치·경제적 해방이라는 내용도 빼서는 안 될 것입니다.

구별의 메시지

네 번째 재앙부터는 환난의 모형이라는 측면에서 꽤 중요한 뜻을 함축하고 있습니다. 요한계시록에 기록된 최후 종말 부분을 상기해 봅시다. 초기의 환난은 믿는 자들이나 믿지 않는 자들이나 모두 같이 당합니다. 그러다가 어느 시점이 되면 양자가 구분되어지지요. 믿는 자라고 해서 처음부터 아무런 해도 고통도 받지 않는 게 아니라는 것입니다.

믿는 사람들끼리 잘 지내다가 몸만 쏙 빠져 나가는 것이 구별의 목적이 아님을 성경으로부터 읽어 낼 수 있어야 하겠습니다. 구별은 환난을 안 받는다는 소극적인 측면보다 사명을 위하여 택함을 받았다는 적극적인 측면으로 이해되어야 할 것입니다. 즉 구별된 이스라엘 백성들은 이제 거룩한 백성으로 살아야 할 책임을 부담한다는 것이지요.

이스라엘 백성들은 하나님의 백성이 된다는 것이 도대체 어떤 것인지 아직 감을 잡지 못합니다. 그러나 이제 한 3개월 후쯤 되면 하나님의 백성으로서 요구되는 사항이 얼마나 많은지 여실히 깨닫게 됩니다.

택함 받았다는 것은 먼저 훈련받는 조교로서 선별되었다는 의미입니다. 먼저 모범을 보이기 위함이지, 선별, 택함 그 자체만을 위한 것이 결코 아니라는 것입니다.

하나님께 진짜 항복하는 사람이
복을 받습니다

하나님의 권위에 대한 인정, 하나님의 경륜에 대한 두터운 신뢰,
그리고 하나님의 일하심을 향한 기대에서 우러나오는
두려움은 필요하다 하겠습니다.

출애굽기 5장에서 '나는 여호와를 알지 못한다'며 목이 꼿꼿했던 바로가 여섯 번의 재앙을 통해서 여호와가 누구신지 조금씩 알아 가나 봅니다. 이제 바로가 '여호와는 의로우시고 나와 나의 백성은 악하다'라고 고백하기에 이릅니다. 바로가 여호와를 알아 가고 있는 것입니다.

하나님께서 말씀하십니다.

"온 천하에 나와 같은 자가 없음을 네가 알게 하리라."

모세도 이야기합니다.

"세상이 여호와께 속한 줄을 왕이 알리이다."

깊어지는 재앙 속에서 믿는 자와 믿지 않는 자 모두에게 하나님은 사랑과 의로우심을 드러내십니다. 그럼에도 불구하고 바로는 '내 백성을 보내라'라는 하나님의 명령을 계속해서 거절합니다. 바로의 완악함으로 인하여 재앙은 더욱더 깊어져 갑니다.

깊어지는 재앙

바로의 완악함으로 재앙이 깊어지고 있습니다. 하나님께서 바로에게 요구하십니다.

> "네가 만일 보내기를 거절하고 억지로 잡아두면 여호와의 손이 들에 있는 네 가축 곧 말과 나귀와 낙타와 소와 양에게 더하리니 심한 돌림병이 있을 것이며"(2-3절)

하나님은 여전히 바로의 거절을 조건으로 하는 재앙을 예고하십니다. 바로의 대답은 여전히 'No!' 입니다. 하나님이 다시 말씀하십니다.

> "내가 손을 펴서 돌림병으로 너와 네 백성을 쳤더라면 네가 세상에서 끊어졌을 것이나 내가 너를 세웠음은 나의 능력을 네게 보이고 내 이름이 온 천하에 전파되게 하려 하였음이니라 네가 여전히 내 백성 앞에 교만하여 그들을 보내지 아니하느냐"(15-17절)

교만, 즉 '스스로 높이고 있는 것' 이 바로의 큰 죄악 중 하나였습니다. 바로의 그 뻣뻣한 고개를 이제 하나님은 우박으로 치십니다. 이때 바로의 신하 중 몇몇은 종들과 가축을 집으로 피하여 해를 받지 않습니다. 하나님 께서는 애굽 백성들 모두를 치시는 것이 아니라 "여호와의 말씀을 두려워 하는 자들"(20절)과 "여호와의 말씀을 마음에 두지 아니하는 사람"(21절) 을 구별하고 계십니다.

가짜 항복

바로가 하나님의 요청을 끈질기게 거절하는 이유는 무엇일까요? 그것 은 하나님의 말씀을 두려워하지 않기 때문입니다. 하나님이 어떤 분이신지 모르는 사람이 하나님을 무서워할 이유도, 공경할 까닭도 없는 것이지요. 성경은 하나님을 두려운 분으로 표현하는 경우가 종종 있습니다.

"주 여호와 하나님은 크고 두려운 분이시니…."

하나님을 크고 두려운 분으로만 인식하는 것도 문제가 있을 수 있습니 다. 그러나 하나님의 권위에 대한 인정, 하나님의 경륜에 대한 두터운 신 뢰, 그리고 하나님의 일하심을 향한 기대에서 우러나오는 두려움은 필요하 다 하겠습니다.

어린아이가 할아버지, 할머니의 고마움을 모르고 자신의 요구를 무조건 들어주시는 분으로 생각하여 함부로 대하는 모습을 보면 그리스도인들의 미숙한 신앙생활과 어딘가 닮아 있다는 생각이 가끔 들 때가 있습니다. 모 세가 처음 바로를 찾아갔을 때 바로가 했던 말을 기억하십니까?

"여호와가 누구이기에 내가 그의 목소리를 듣고 이스라엘을 보내겠느냐 나는
여호와를 알지 못하니 이스라엘을 보내지 아니하리라"(5:2)

그러나 일곱 번째의 재앙을 겪고 난 바로의 달라진 태도를 봅시다. 바로가 사람을 보내어 모세와 아론을 불러 그들에게 말합니다.

바로의 이 고백은 14절의 하나님의 선포와 29절의 모세의 말과 대구를 이루는 것이라 할 수 있습니다.

고대 근동 사람들의 세계관, 종교관이라는 측면에서 이 말씀을 이해할 필요가 있습니다. 당시 각 민족들은 자기들의 민족 신을 나름대로 섬겼습니다. 그리고 그 신들 중 어느 신이 더 유능한가에 따라 그 신을 믿는 민족과 나라가 발전한다고 믿었습니다. 바로도 여호와 하나님이 이스라엘의 민족 신쯤 되는 것으로만 여기고 있었던 것이죠. 그러나 이스라엘이 믿는 하나님을 자신이 알아야 된다고 생각하지도 않았고, 애굽을 포함한 온 천하의 신이라고 인정하지도 않았던 것입니다. 그러던 바로가 하나님께 흠씬 얻어맞고는 하나님의 의로우심에 눈떠 가고 있습니다.

1차 항복 때는 "너희는 가서 이 땅에서 너희 하나님께 제사를 드리라"(8:25)라고 했다가 2차 항복 때는 "내가 너희를 보내리니 너희가 다시는 머물지 아니하리라"(9:28)라고 합니다. 그러나 근본적인 포기를 하지는 않습니다. 불행하게도 바로의 여전한 완악함과 불신으로 인해서 여호와의 재앙은 더욱더 깊어져만 가고 있습니다.

어려울 때는 하나님을 찾는 듯하다가 형편이 조금만 좋아지면 마음이 곧장 돌아서서 하나님을 멀리하는 모습인 것이지요.

하나님께 진짜 항복하는 사람이 복을 받습니다.

아홉 번의 협상 후 바로에 의해서
최종 협상 결렬이 선언됩니다

우리의 맡은 책임을
이렇게 집요하게 이루어 낼 수 있는
힘이 필요합니다.

출애굽기 10장에서는 여덟 번째 메뚜기 재앙과 아홉 번째 흑암 재앙이 나옵니다. 우박 재앙 때 하나님의 말씀을 순종하는 자는 재산을 보호할 수 있었음을 경험한 애굽 사람 중에 메뚜기 재앙을 피하고자 하는 신하들이 생깁니다. 그러나 바로는 끝까지 자존심을 내세우며 고집을 피우지요. 그리하여 바로는 모세와 아론이 죽으면 이 재앙은 끝날 것이라는 생각으로 모세와 아론을 쫓아내고 아홉 번째 재앙에서는 '죽이겠다' 라고까지 합니다.

반복되는 재앙을 통해 바로는 서서히 항복을 하게 됩니다. 그러나 이스라엘 백성의 양과 소, 즉 경제적 측면을 끝까지 포기하지 못하는데, 이런 바로의 모습은 하나님이 재앙을 멈추시지 않는 이유가 됩니다.

애굽의 신하들이 왕에게 "왕은 아직도 애굽이 망한 줄을 알지 못하시나이까?" 라고 고하면서 재산을 보호받으려고 합니다. 그러나 이들은 아직 '죽음' 까지는 예상하지 못하고 있습니다.

끝까지 붙들어 봐야

장자가 죽어지는 재앙 직전까지도 완강한 바로의 태도는, 하나님께서 표징을 보이심으로써 자신을 알리실 수밖에 없는 이유가 되었으며, 이러한 표징은 훗날 출애굽 이후 이스라엘 자손에게 하나님은 어떤 분이신가를 알게 하는 교육이 되었습니다. 하나님은 출애굽 사건을 근거로 해서 출애굽 이후부터 계속 이스라엘 백성을 교육하고 계십니다. 아브라함의 하나님, 이삭의 하나님, 야곱의 하나님이 출애굽의 하나님으로 인식되는 계기를 지금 만들고 계신 것이지요.

바로와 그 신하들은 하나님을 두려워하되 아직도 그들의 하나님이 아닌, 이스라엘만의 하나님으로 인식하고, 모세와 아론만 없어지면 재앙도 없어질 것이라는 어리석은 생각을 하는 것 같습니다.

여덟 번째 재앙, 메뚜기 재앙에서 모세가 바로로부터 쫓겨납니다. 화를 낸단 말입니다. 그 전엔 별로 화를 안 냈는데, 아홉 번째 재앙인 흑암 재앙을 통해서 바로가 모세에게 "다신 보지 않길 원한다. 다시 나타나면 죽여 버리겠다."라는 말을 하고 있습니다. 사실 바로 입장에서 모세 한 사람 죽이는 것은 어려운 일이 아닙니다.

여덟 번째 지나온 재앙을 통해 서서히 손을 들기 시작하는 바로의 모습을 볼 수 있습니다. 아홉 번째 재앙에서 사람만 가기를 허락합니다. 그런데 무엇을 남겨 놓으라는 것입니까? 재산은 남겨 놓으라는 것입니다. 결국 바로의 집착이 어디에 있는지를 보여 주는 것입니다.

바로 이러한 이유 때문에 하나님은 끊임없이 재앙을 허락하실 수밖에 없으셨고, 이는 곧 또 다른 하나님의 경륜과 계획 속에서 아브라함의 하나님, 이삭의 하나님, 야곱의 하나님이 그의 후손들을 위해서 출애굽의 하나님으로 드러나시는 계기가 되기도 합니다.

모세와 아론이 바로에게 들어가서 말합니다.

"히브리 사람의 하나님 여호와께서 말씀하시기를 네가 어느 때까지 내 앞에 겸비하지 아니하겠느냐 내 백성을 보내라 그들이 나를 섬길 것이라"(3절)

'어느 때까지' 라는 말 속에서 곧바로 순종하기를 기다리고 계신다는 것을 알 수 있습니다. 거절과 순종은 반대되는 말입니다. 계속 바로는 거절하고 있습니다. 하나님은 순종하기를 원하시고 계신데 말입니다.

하나님의 요구 사항 - 겸비

드디어 바로의 신하들이 바로 왕에게 고합니다.

"어느 때까지 이 사람이 우리의 함정이 되리이까 그 사람들을 보내어 그들의 하나님 여호와를 섬기게 하소서 왕은 아직도 애굽이 망한 줄을 알지 못하시나이까"(7절)

사실, 바로나 바로의 신하들이 이스라엘 백성들을 붙잡고 있는 이유는 애굽을 더 풍요롭게 하자는 것입니다. 그런데 바로 왕의 고집으로 망해 가고 있는 것입니다. 신하들은 알고 있는데 말입니다. 바로의 신하들 가운데 일곱 번째 재앙에 순종하는 사람이 있었습니다. 그건 적극적, 능동적 순종이 아니라 여섯 번째 재앙까지의 무서움 때문에 한 번 해본 것입니다. 그랬더니 보호가 되었습니다. 그런 경험을 했던 것입니다. 그런데 왕은 못하는 것입니다. 여기에는 여러 가지 이유가 있겠지만 왕의 자존심 때문일 것입니다.

어떤 면에서 자식들이 죽어 가는데 그 부모가 가지는 자존심 때문에 가정이 더 피폐해지고, 어떤 모임의 대표자들의 자존심이 결국은 공동체를 더 핍절하게 만든다는 사실을 우리가 볼 수 있는 것입니다. 그래서 하나님께서는 평범하게 농사짓는 농부들에게 더욱 겸손을 요구하시는 것 같습니다.

바로는 지금 자존심을 세우고 있습니다. 자존심을 빳빳이 세우고 꺾을 생각을 하지 않는 것입니다. 그것이 얼마나 많은 피해를 가져오고 있습니까? 하나님은 바로 왕에게 겸비를 요구하시는 것 같습니다. 바로와 바로의 신하와 온 애굽을 위해서 말입니다.

> "모세와 아론을 바로에게로 다시 데려오니 바로가 그들에게 이르되 가서 너희의 하나님 여호와를 섬기라 갈 자는 누구 누구냐"(8절)

참 째째합니다. '갈 자는 누구 누구냐?' 라고 이야기하자 모세가 '우리가 여호와 앞에 절기를 지킬 것인즉 우리가 남녀노소와 양과 소를 데리고 가겠다' 라고 대답합니다. 모세는 모든 것을 다 데리고 나가겠다는 것입니다. 앞서 이야기했지만 적어도 신앙의 자유 확보에만 집착하고 있는 것은 아니라는 것입니다. 신앙적 자유에 너무 안주하려고 하면 안 된다는 것입니다.

'오늘날 이 시대 속에서 신앙적 자유를 확보하면 된다' 하고 신앙의 자유를 교회 안에서의 집회의 자유 정도로 제한시키고, 사회에서 일어나는 수많은 문제들에 대해서는 눈감아 버리는 경우가 많습니다.

그러나 모세는 그러지 않은 것 같습니다. 해방시키는 것입니다. '남녀노소와 양과 소를 데리고 가겠나이다' 라고 딱 잘라서 얘기합니다. 여기서 바로의 제안대로 부분적으로 받아 주고 부분적으로 선택한다면 곤란해집니다. 아예 딱 잘라 버리는 것입니다.

그러자 바로가 무엇이라 합니까?

> "내가 너희와 너희의 어린 아이들을 보내면 여호와가 너희와 함께 함과 같으니라 보라 그것이 너희에게는 나쁜 것이니라"(10절)

바로가 계속 머리 쓰는 것을 봅니다. "너희에게는 나쁜 것이니라." 무슨 얘기입니까? 모세가 남녀노소와 양과 소를 다 데리고 가겠다니까 그것을 못 받아들이는 것입니다. 바로가 지금 역사가 어떻게 돌아가는지 모르는 것입니다. 나라가 크고 안 크고가 중요한 것이 아니라 지금 다 거덜 났는데 말입니다. 정치인으로서 바로의 자세, 뭔가 협상해 보는 것이지요. 타협해 보는 것입니다. 바로의 계획이 무엇입니까? 남자들만 보내고 나머지 가족들은 인질로 잡고 있겠다는 것입니다. 안 놓겠다는 것입니다. 제사를 지내고 돌아와서는 다시 종으로서 나를 섬기라는 것입니다. 지독하게 집착하는 사람입니다.

대세를 못 읽는 바로

우리가 바로를 이해 못하는 바는 아닙니다. 그것을 누가 놓고 싶겠습니까? 그러나 대세를 못 보고 있는 것입니다. 바로는 대세를 보고 돌을 던져야 하는데 집착하고 있는 것입니다. 한 나라를 경영하는 사람이 이 정도밖에 안 됩니다. 그러자 이제 하나님께서는 메뚜기들을 보내서 남은 것들을 다 없애십니다. 지난번 우박을 통해서는 다 없앤 것이 아니었습니다. 좀 남겨 놓았었습니다. 그런데 이제는 메뚜기를 통해서 다 없애 버리고 계십니다. 메뚜기가 지면을 다 덮어 버리고 애굽 땅에 남아 있는 것을 다 갉아 먹어 버린 것입니다.

'좀과 동록이 해한다'(마 6:19)라는 말씀을 생각나게 하는 구절입니다. 여기에서 메뚜기 떼가 와서 먹는 것, 사실 애굽 사람들과 이스라엘 사람들이 땀을 흘려 농사지은 것입니다. 그런데 좀과 동록이 와서 다 먹어 버렸습니다. 하지만 좀과 동록이 아닌 이스라엘 백성들이 다 가서 훼방했으면 어떻게 되었겠습니까? 큰 싸움이 나지 않았겠습니까? 그런데 메뚜기를 보내서 다 먹어 버리게 하십니다. 아무리 모아 놔도 불면 날아가 버리는 것이 재물입니다. 애굽 제국을 다스리는 제왕 바로라 할지라도 말입니다. 자기 것이 아닙니다. 불면 날아가 버리는 것입니다.

바로가 모세와 아론을 급히 불러서 말합니다.

> "내가 너희의 하나님 여호와와 너희에게 죄를 지었으니 바라건대 이번만 나의 죄를 용서하고 너희의 하나님 여호와께 구하여 이 죽음만은 내게서 떠나게 하라"(16-17절)

급히 불러서 3차 항복을 하는 듯 보입니다. 먹을 게 다 없어지니까 급히 부르는 것 같습니다. 그러나 바로가 진짜 항복하지 않는 한, 이제 마지막 장자 죽음 전까지 흑암 재앙이 있습니다.

당시 애굽 사람들은 태양신을 섬기고 있었습니다. 빛을 자기들이 섬기는 신들이 주관하고 있는데, 아예 애굽 전체에 빛을 없앤 것입니다. 그 3일 동안 고센 땅엔 빛이 있었습니다. 이건 여지없이 태양신 정도는 아무것도 아닙니다, 여호와 하나님이 온 우주 만물을 지배하고 있다는 사실을 마지막으로 보여 주고 있는 대목입니다. 애굽 사람들이 어떤 면에서는 자신들의 신을 의지했을 것 아닙니까? 그런데 태양신까지 얻어맞으니까 항복하는 것 같습니다. 그래서 순종하는 것 같습니다. 바로가 4차 항복을 하는데 항복을 하면서도 너희 양과 소는 머물러 두라 합니다. 아홉 번의 재앙을 경험하고도 너희 양과 소는 머물러 두라는 것입니다.

대세를 못 읽는 바로, 그는 인간의 물질에 대한 집착이 어떤 것인가를 충분히 보여 주는 것 같습니다.

최종 협상 결렬

그러자 모세는 거기에서 포기하지 않습니다. 모세가 바로에게 대답합니다.

모세의 끈질긴 모습을 보십시오. 가축을 가져가야겠다고 말합니다. 만약 가져가야 되는 이유를 '우리 것이니까 가져가겠다' 하면 소유권 분쟁으로 비화되어 큰 싸움이 나는 것이지요. 그런데 무슨 이유를 대고 가져가야 되겠다는 것입니까? 여호와를 섬기는 데 번제물이 필요하다고 이야기하고 있습니다. 여호와를 섬기는 일은 일전에 허락을 받았으니 그 제물로 양과 소가 필요하다는 것은 당연한 것입니다. 그러니 바로가 할 말은 없고 화만 내는 것이지요.

그 와중에서도 할 말을 다하고 당당히 맞서는 모세와 아론을 보게 됩니다. 왕 앞에서 죽을 수 있는 상황에도 그가 해야 할 책임을 다하는 것 같습니다. 우리의 맡은 책임을 이렇게 집요하게 이루어 낼 수 있는 힘이 필요합니다. 하나님과 이웃을 향한 일에 있어서는 더더욱 그러할 것입니다.

결국 아홉 번의 협상 후 바로에 의해서 최종 협상 결렬이 선언됩니다. 바로가 모세에게 말합니다.

그러자 모세가 마치 예언과 같은 말을 남깁니다.

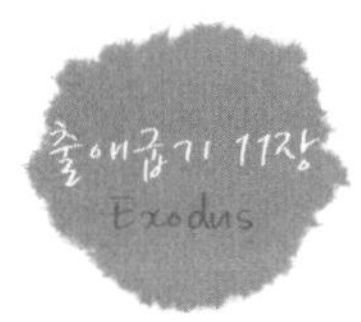

바로가 협상 결렬을 선언하면서
분위기는 반전됩니다

우직하다 싶을 만큼의 순종과
바로와 하나님 사이를 수차례 오가며
이행하는 인내가 필요했습니다.

10장까지 정국의 주도권은 바로에게 있었습니다. 그러나 바로가 협상 결렬을 선언하면서 분위기가 반전됩니다. 더불어 하나님은 창세기 15장과 출애굽기 3장의 말씀을 상당히 구체적으로 확인하고 계십니다. 그것은 재물을 가지고 나올 것과 장자 죽음의 구체적 대상에 관한 것입니다.

모세가 40년 만에 애굽 땅에 다시 나타났을 때 그는 매우 볼품없고 초라했습니다. 그러나 하나님의 말씀을 전하는 6개월 동안 애굽에서 그의 위치는 급상승했습니다. 6개월 만에 정국의 주도권이 바로에게서 모세에게로 옮겨졌음을 보여 주는 것이 11장의 내용입니다.

노동의 대가

일찍이 하나님께서 창세기에서 아브라함에게 하신 말씀이 있지요.

> "네 자손이 이방에서 객이 되어 그들을 섬기겠고 그들은 사백 년 동안 네 자손
> 을 괴롭히리니 그들이 섬기는 나라를 내가 징벌할지며 그 후에 네 자손이 큰
> 재물을 이끌고 나오리라"(창 15:13-14)

하나님은 아브라함에게 하셨던 이 말씀의 성취가 임박하였음을 모세에게 알려 주십니다.

> "백성에게 말하여 사람들에게 각기 이웃들에게 은금 패물을 구하게 하라"
> (2절)

아홉 번째 협상이 이루어지지 않았던 이유가 무엇이었습니까? 가축을 포기하지 못하는 바로 때문이었습니다. 그런데 이제 가축은 물론 은, 금 패물까지 다 가져가게 될 것임이 예고됩니다. 애굽의 은, 금은 이스라엘 백성의 노동을 착취한 대가로 얻어진 것들이지요. 이스라엘 백성들은 애굽에 400년간 저축해 놓은 것을 이제야 찾아가게 되었습니다.

시간을 조금 앞서 가 보면 이 재물이 후에 두 가지 일에 사용되는 것을 알 수 있습니다. 하나는 금송아지를 만드는 일이요, 다른 하나는 성막을 짓는 일입니다. 애굽에서 어렵사리 빼내 온 은, 금 패물을 한 번은 부끄럽고 어리석은 짓에 허비하고, 한 번은 정말로 소중한 일에 쓰게 되는 것이지요.

뜨는 모세

바로 입장에서 보면 모세가 자기한테 와서 무슨 말만 하고 가면 꼭 재앙이 생겼습니다. 모세가 하는 말에는 후렴처럼 재앙이 실제로 따라붙는 것입니다. 바로가 아무리 딴지를 놔도 모세의 말을 그대로 복사한 듯한 재앙이 실제로 일어났습니다. 모세는 아홉 번 제안을 하며 재앙을 예고했고, 바로는 그때마다 거절했으며, 그래서 그때마다 재앙이 내렸습니다. 상황이 이쯤 되니 이제 애굽에서의 모세의 위치는 6개월 전의 그것과 판이하게 다를 수밖에 없는 것이지요.

> "모세는 애굽 땅에 있는 바로의 신하와 백성의 눈에 아주 위대하게 보였더라"
> (3절)

모세가 처음 바로 앞에 나타날 때는 전직 입양된 왕족, 그러나 현직은 볼품없는 목동이었습니다. 초라해 보이기는 이스라엘 백성 눈에나, 심지어 형 아론 눈에도 마찬가지였을 것입니다. 그런데 아홉 번의 재앙으로 애굽은 점점 거덜이 나는 반면, 모세는 점차 지도자로서의 부동의 위치를 확보합니다. 이러한 과정을 통하여 하나님은 출애굽한 이스라엘 백성을 이끌기에 충분하도록 모세를 높여 주시고, 영도자로서 자리매김을 시켜 주시는 것을 알 수 있습니다. 모세에게 실질적인 지도력을 부여해 주신 것이지요.

하나님께서는 사람에게 일을 맡기실 때 일을 할 수 있는 최적의 조건을 함께 준비시켜 주십니다. 모세가 6개월 전에 바로로부터 단번에 이스라엘 백성을 빼내 갔다면 노예 생활에 젖은 이스라엘 백성을 하룻길도 인도하지 못했을 것입니다. 하나님은 40년의 광야 훈련과정을 이렇게 탄탄히 준비시켜 가고 계십니다.

아홉 번의 들락거림을 인내로

사실 모세가 이러한 위치에 오르기까지는 우직하다 싶을 만큼의 순종과 바로와 하나님 사이를 수차례 오가며 이행하는 인내가 필요했습니다. 아홉 번을 들락거리면서 협상을 했으니 피가 말랐을 것입니다. 강퍅한 마음을 가진 바로 왕 앞에 가서 밥그릇에 개구리가 들어간다는 둥, 우박이 떨어진다는 둥 하는 이야기를 해야 했으니 모세는 애굽의 궁전 대문을 들어설 때마다 내가 이 문을 다시 걸어 나올 수 있을까 싶었을 것입니다. 바로가 거절하면 안타까운 심정으로 돌아와서 다시 하나님께 기도하고, 또 예언의 말씀을 듣고, 또 바로에게 다시 가서 전달하고…. 이러한 과정을 6개월 동안 반복하였습니다. 그 터질 것 같은 긴장감과 두려움이 어떠했을까요? 드디어 여호와께서 모세에게 말씀하십니다.

> "여호와께서 모세에게 이르시기를 내가 이제 한 가지 재앙을 바로와 애굽에 내린 후에야 그가 너희를 여기서 내보내리라 그가 너희를 내보낼 때에는 여기서 반드시 다 쫓아내리니 백성에게 말하여 사람들에게 각기 이웃들에게 은금 패물을 구하게 하라 하시더니"(1-2절)

하나님의 경륜의 때가 찼습니다. 6개월은 이스라엘 백성에게도 400년 이상으로 길게 느껴졌을 것입니다. 이제 하나님은 마지막 재앙을 선포하고 계십니다. 하나님께서 장자를 칠 것이라는 말씀을 재확인하십니다. 처음 말씀하실 때에는 단순히 '장자'라고만 하셨으나(4:23), 이제는 "바로의 장자로부터 맷돌 뒤에 있는 몸종의 장자와 모든 가축의 처음 난 것까지"(11:5)라고 구체적으로 말씀하고 계십니다.

모세의 마음

비장한 심정으로 모세가 바로에게 말합니다.

> "여호와께서 이와 같이 말씀하시기를 밤중에 내가 애굽 가운데로 들어가리니
> 애굽 땅에 있는 모든 처음 난 것은 왕위에 앉아 있는 바로의 장자로부터 맷돌
> 뒤에 있는 몸종의 장자와 모든 가축의 처음 난 것까지 죽으리니 애굽 온 땅에
> 전무후무한 큰 부르짖음이 있으리라"(4-6절)

바로의 완악함으로 애굽의 모든 장자가 죽게 되었다는 이 말을 마친 모세의 마음을 살펴봅시다. 8절을 보십시오.

> "왕의 이 모든 신하가 내게 내려와 내게 절하며 이르기를 너와 너를 따르는 온
> 백성은 나가라 한 후에야 내가 나가리라 하고 심히 노하여 바로에게서 나오니
> 라"(8절)

지면의 모든 사람보다 온유함이 승했던 모세(민 12:3)가 왕 앞에서 노를 발하는 모습을 보십시오. 아홉 번에 걸친 협상이 결렬되고 장자 죽음의 재앙을 결정하신 하나님의 마음은 편치 않았을 것입니다. 모세는 하나님의 그 마음을 품었던 까닭에 바로 왕의 완악함을 참다못해 마지막 재앙을 앞두고 그를 향해 분노를 터뜨리고 있습니다. 하나님의 마음을 대변하는 안타까움의 표현인 것입니다.

경위야 어찌 되었든 모세에게 있어서 애굽이라는 곳은 젊은 날의 40년을 보내었고 지식과 교양을 습득한 곳입니다. 애굽이 자식 가진 부모의 절규로 가득할 것이라는 사실을 전하는 모세의 마음이 결코 후련하거나 시원하지는 않았을 것입니다. 그래서 재앙을 피할 수 있는 열쇠를 쥐고 있던 바

로의 어리석은 행동과 그 미련함의 결과 앞에 모세는 분노할 수밖에 없었
던 것입니다.

우리는 어느 때 분노를 터뜨립니까?

그 분노가 누구를 향한 것이며 어떠한 이유에 근거한 것입니까?

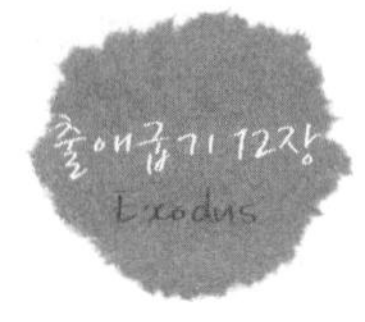

최소한의 실천적 순종이
생명을 잇는 다리였습니다

> 모세는 이렇듯 상세한 하나님의 계획을
> 육십만이나 되는 이스라엘 백성들에게
> 신속하고도 정확하게 알렸습니다.

하나님이 6개월 동안 모세를 통해 바로와 아홉 번의 협상을 시도했으나 모두 결렬되었습니다. 장자 죽음의 재앙, 이것은 바로에게는 협상 결렬의 책임을 묻는 것이었고 이스라엘 백성에게는 최소한의 실천적 순종을 요구하는 것이었습니다. 애굽 백성에게는 저주의 사건이 되었고 이스라엘 백성에게는 최소한의 순종을 통한 구원의 계기가 되었습니다. 이로써 유월절은 구약시대 전체와 신약시대에까지 대대로 지켜야 할 여호와 하나님의 절기가 되었습니다.

한편 모세오경이라는 숲에서 볼 때, 창세기 12장에서 아브라함의 순종이 '신앙 가족공동체'를 이루는 출발이었다면, 출애굽기 12장에서의 모세와 아론을 중심으로 한 이스라엘의 순종은 '신앙 민족공동체'를 이룬다는 결정적 의미가 있습니다.

실천적 순종

드디어 열 번째 재앙이 시작되기 직전입니다. 6개월간의 아홉 번의 협상이 결렬되고, 이제는 더 이상의 협상은 없고 아홉 번의 협상이 결렬된 것에 대한 책임을 묻는 일만 남은 것입니다. 이 시간은 애굽에게는 망하는 시간이요, 이스라엘에게는 장자를 살리기 위한 시간입니다. 이 일에는 이스라엘 백성의 최소한의 순종이 필요했습니다. 절차도 만만치 않게 까다롭습니다.

"너희는 이스라엘 온 회중에게 말하여 이르라 이 달 열흘에 너희 각자가 어린 양을 잡을지니 각 가족대로 그 식구를 위하여 어린 양을 취하되"(3절)

그 달 열흘에 가족의 수에 따라서 어린 양을 취해야 했고, 저녁 해질 무렵에 양을 잡아 불에 구워 무교병, 쓴 나물과 함께 먹어야 했습니다. 피는 좌우 문설주와 인방에 바르고 아침까지 남은 것은 불에 살라 버려야 했습니다. 또한 먹을 때에는 허리에 띠를 띠고 발에 신을 신고 손에 지팡이를 잡고 급히 먹어야 했습니다.

모세는 이렇듯 상세한 하나님의 계획을 육십만이나 되는 이스라엘 백성들에게 신속하고도 정확하게 알렸습니다. 한 가지라도 빼먹고 전해서는 안 되고 잘못 전해서도 안 되는 일이었습니다. 생명이 걸린 문제였기 때문입니다.

그날 이스라엘 백성들의 집집마다 보이지 않는 팽팽한 긴장감과 형용키 어려운 안도감이 감돌았을 것입니다. 한 치도 어김없이 하나님의 명령을 지켜야 한다는 긴장과 이렇게 하면 장자도 잃지 않고 애굽으로부터 독립할 수 있다는 기대와 안도로, 이스라엘 백성들은 허공을 딛는 듯한 아슬아슬하고 절박한 심정으로 모세의 말을 듣고 그대로 행했을 것입니다. 430년의 고리를 끊고 애굽으로부터 이스라엘 백성들이 나오기까지는 이러한 순종이 필요했습니다.

최소한의 실천적 순종을 요구하시는 이 지침서가 바로와 바로의 백성들에게는 알려지지 않았습니다. 적어도 모세가 앞선 아홉 번의 재앙처럼 바로에게 그 피할 길을 제시하지 않았다는 것이지요. 아홉 번의 기회를 소홀히 여긴 자들에게 더 이상의 기회를 허용하지 않으시고 순종하는 자들에게만 알리고 순종과 실천을 받아 내시겠다는 하나님의 의지의 표현인 것입니다.

> "내가 애굽 땅을 칠 때에 그 피가 너희가 사는 집에 있어서 너희를 위하여 표적이 될지라 내가 피를 볼 때에 너희를 넘어가리니 재앙이 너희에게 내려 멸하지 아니하리라"(13절)

피를 볼 때에 너희를 넘어가겠다고 하신 것은 '너희의 순종을 볼 때에 넘어가겠다'는 뜻입니다. 실천적 순종만이 죽음을 피해 갈 수 있다는 것입니다.

이 대목에서 유월절 제사 전통이 무엇인지 유일 신앙이 무엇인지 하는 성경공부만을 한다면 실천적 내용을 이론적 영역으로 바꿔 놓고 그에 만족

하는 영양 불균형의 성경공부가 될 것입니다. 한 마디로 '지식 따로 행동 따로'의 성경공부인 것입니다. 성경이 구체적인 삶에서 내게 의미 있는 방향 제시를 하지 못하는 책이라면, 그래서 지적 호기심을 채우는 허다한 책들 중 한 권의 책에 불과하다면, 그것은 더 이상 성경이 아닙니다. 혹 우리가 성경을 그렇게 본다면 인간을 향한 하나님의 러브레터(Love Letter)인 성경을 한참 잘못 보고 있는 것이지요. 신앙과 실천이 따로 노는 성경공부는 지양해야 할 것입니다.

밤에 일어난 일

"밤중에 여호와께서 애굽 땅에서 모든 처음 난 것 곧 왕위에 앉은 바로의 장자로부터 옥에 갇힌 사람의 장자까지와 가축의 처음 난 것을 다 치시매"(29절)

이스라엘 백성 진영에서는 띠를 띠고 지팡이를 잡고 음식을 먹는 부산한 밤이었던 동시에 애굽 진영에서는 통곡 소리가 진동하는 악몽의 밤이었을 것입니다. 그러자 밤에 급하게 아주 급하게 바로가 모세와 아론을 불러서 당부합니다.

"너희와 이스라엘 자손은 일어나 내 백성 가운데에서 떠나 너희의 말대로 가서 여호와를 섬기며 너희가 말한 대로 너희 양과 너희 소도 몰아가고 나를 위하여 축복하라"(31-32절)

다시 자신 앞에 나타나면 죽이겠다던 바로가 이제는 지금 빨리 나가라고 합니다. 끝까지 쥐고 놓지 않던 양과 소까지 가지고 가라고 합니다. 자기 자식을 잃는 아픔 뒤에야 비로소 하나님을 알아보는 어리석은 자의 모습입니다.

매우 혼란스러웠을 그 밤에 이스라엘 백성들은 발교되지 못한 반죽을 담은 그릇을 옷에 싸서 어깨에 메고 나올 정도로 황급히 애굽을 빠져나옵니다(34,39절). 애굽 백성들의 정신을 쏙 빼놓고 이스라엘 백성 60만 명을 탈출시키는 역사적인 장면입니다.

애굽의 장자들이 죽는 사건이 낮에 일어났으면 어떠했을까요? 애굽 백성들이 앙갚음을 하러 나왔을지도 모르는 일입니다. 그래서 애굽의 모든 집이 초상집이 된 그 뒤숭숭한 밤에 이스라엘 백성들은 몸을 피하여 나오고 있습니다. 검문하는 군사들로부터도 제지당하지 않습니다. 바로의 지시가 있었으니까요. 36절을 보십시오.

> "여호와께서 애굽 사람들에게 이스라엘 백성에게 은혜를 입히게 하사 그들이
> 구하는 대로 주게 하시므로 그들이 애굽 사람의 물품을 취하였더라"(36절)

그 긴 세월 동안 입을 것 못 입고, 먹을 것 못 먹고 강제 노역에 시달리며 애굽의 풍족함을 그저 남의 집 이야기로만 알아야 했던 이스라엘 백성들, 이제 애굽으로부터 은, 금 패물을 들고 나올 것이라는 하나님의 예언 그대로 애굽으로부터 돌려받아 나옵니다.

이 일로 인하여 바로의 시대는 가고 애굽은 쇠퇴의 길을 걷습니다.

역사를 회고하며 기념하는 것은
미래에 대한 투자입니다

*정말 멋지고 아름다운 사람은
자신의 현재의 모습을 있게 한
주위의 수많은 도움의 손길을 잊지 않는 사람입니다.*

출애굽기 12장이 실제 출애굽의 사건을 다룬 장이라면 13장은 그 사건 자체가 과거에 묻혀 버리는 것이 아니라 현재에도 기억되어야 할 영원한 사건임을 보여 주고 있습니다.

'그날' 은 이스라엘 백성뿐만 아니라 애굽 백성, 나아가 하나님께도 매우 중요한 의미를 가지고 있습니다. '그날' 은 하나님께 불순종한 자들에게는 죽음의 날이었고, 순종한 자들에게는 구원의 날이었습니다. 이스라엘 백성이 430년의 종살이의 사슬을 끊고 새로운 출발을 하는 날이었으므로 기억해야 했습니다.

하나님은 이스라엘 전 역사를 통해 '그날'을 가장 중요하게 여기셔서 역사의 원년으로 삼으시고, 출애굽의 하나님으로 당신의 존재를 드러내시며 이스라엘을 '내 것'으로 삼으시는 기원으로서의 의미를 '그날'에 부여하십니다. 이스라엘 백성은 '그날'에 불순종한 자들이 아비규환 속에서 죽어 가던 모습과 순종한 자들의 구원 얻는 모습을 기억하며 살아야 함을 일깨워 주고 계신 것입니다.

영원한 현재로서의 출애굽 사건

물이 피가 되는 것, 메뚜기 떼가 몰려오는 것도 예사로운 일은 아니었습니다. 애굽인들에게나 이스라엘 백성들에게나 감당키 힘든 엄청난 사건이었습니다. 그러나 무엇보다도 장자가 죽는 일은 가장 중요한 사건이었습니다.

첫 번째 재앙부터 세 번째 재앙은 이스라엘과 애굽을 구별하지 않고 임했습니다. 네 번째 재앙부터 아홉 번째 재앙은 애굽만을 덮쳤습니다. 열 번째 재앙은 전체에 내렸습니다. 죽음의 신은 애굽 전역과 히브리 사람들이 사는 곳까지 두루 다녔습니다. 그러나 애굽 사람들에게는 모면할 길을 내시지 않으시고, 이스라엘 사람들에게는 피할 방도를 알려 주셨습니다. 실천적 순종으로 인하여 이스라엘의 장자들은 살게 되었습니다.

이때 하나님은 이 사건에 대해 '대속'의 의미를 부여하십니다. 여호와께서 모세에게 말씀하십니다.

하나님을 위한 구별됨이 아닙니다. 하나님이 욕심을 채우시고자, 장자와 가축들의 초태생들을 소유하시고자 하는 것이 아님을 알아야 합니다. 이 구별됨은 궁극적으로 하나님을 위함이 아니라 인생들에게 주어지는 하나님의 축복입니다. 구별되어진 이스라엘의 장자들은 하나님을 섬김에 있어 모범을 보이고, 이를 통해 이스라엘 전체를 하나님을 바르게 섬기는 백성으로 이끌어야 하는 사명을 부여받은 것입니다. 성경에 나타난 축복은 모두 사명을 전제로 하고 있다는 것이 이 부분에서도 잘 드러납니다.

그날을 기념한다는 것

하나님께서는 이스라엘의 전 역사를 통해 '그날'을 가장 중요하게 여기십니다. 그래서 '그날'을 새해의 기원으로 삼으시고, 출애굽의 하나님으로 당신의 존재를 드러내시며 이스라엘이 '내 것'이라는 것과, 그 가운데 그들의 장자가 '내 것'이라는 것과, 그 가운데 레위인이 '내 것'이라는 것을 '그날'을 기원으로 하여 말씀하고 계신 것입니다.

"태에서 처음 난 모든 것은 다 거룩히 구별하여 내게 돌리라. 이는 내 것이니라." 이 말씀은 무엇을 말하는 것입니까? 레위인을 말씀하시는 것입니다. '장자 대신 레위인들을 내 것이라' 하셨을 때 왜 하나님께서 구별하시는 것입니까? 결국은 인생들을 위한 것입니다. 하나님 자신을 위한 것이 아닙니다. 그 레위인들이 하나님을 부지런히 먼저 알고 섬기고 사람들에게

'하나님을 섬기자' 라고 권면하고 제안하는 가운데 온 이스라엘이 하나님을 더 가까이 알게 되는 이 결과는 인생들에게 축복입니다. 그래서 하나님이 내 것이라고 구별하시는 것이지 욕심을 채우시고자 장자와 가축들의 초태생들은 내 것이라고 말씀하시는 것이 아니라는 사실을 기억해야 합니다.

하나님의 것인 장자들은 하나님의 뜻을 좇아서 그분이 원하시는 일들을 해야 하는데 그것은 이스라엘 백성들에게 '하나님을 바로 믿고 바로 섬기자' 라고 제안하는 일입니다. 결국 이 일로 말미암아 그들은 하나님 앞에 복된 인생들로 살아갈 수 있는 길로 나아간다는 것입니다.

또한 '그날' 을 기념한다는 것은 무슨 뜻일까요? 왜 기념해야 하는 것일까요?

먼저 '그날' 을 기억해야 합니다. 기억되지 않으면 기념할 수 없습니다. '그날' 에는 하나님을 불순종한 자들에 대한 처벌과 순종한 자들에 대한 구원이 있었습니다. 하나님 쪽과 이스라엘 백성들 쪽 모두에게 너무너무 중대한 사건이 일어나는 날인 것입니다. 여기서 '그날' 을 기념하는 것은 그때의 정신을 돌이켜 생각해 보자는 것입니다. 회고해 보고 그 정신으로 오늘을 살자는 것이지요. 그때 불순종하는 자들의 아비규환 속에서의 죽음과 순종하는 자들의 삶의 모습을 기억하고 그 정신으로 이스라엘 백성들이 오고가는 시대를 살아야 함을 일깨워 줍니다. 모세가 백성에게 이릅니다.

> "너희는 애굽 곧 종 되었던 집에서 나온 그 날을 기념하여 유교병을 먹지 말라
> 여호와께서 그 손의 권능으로 너희를 그 곳에서 인도해 내셨음이니라" (3절)

불순종하는 자들의 아비규환 속에서의 죽음과 순종하는 자들을 건져 내어 주신 하나님을 기억하고, 출애굽 사건 전체를 이끄시고 주도하셨던 하

나님의 계획과 마음을 잊지 말라는 뜻이겠지요. 그들에게 있어 6개월 동안 베푸신 하나님의 역사는 실로 대단한 것입니다. 그 시대를 사는 사람에게 는 결코 잊을 수 없는 일인 것입니다.

이 사실을 하나님께서는 그들의 자녀들에게도 대대로 가르칠 것을 당부 하십니다.

> "후일에 네 아들이 네게 묻기를 이것이 어찌 됨이냐 하거든 너는 그에게 이르 기를 여호와께서 그 손의 권능으로 우리를 애굽에서 곧 종이 되었던 집에서 인도하여 내실새 그 때에 바로가 완악하여 우리를 보내지 아니하매 여호와께 서 애굽 나라 가운데 처음 난 모든 것은 사람의 장자로부터 가축의 처음 난 것 까지 다 죽이셨으므로 태에서 처음 난 모든 수컷들은 내가 여호와께 제사를 드려서 내 아들 중에 모든 처음 난 자를 다 대속하리니 이것이 네 손의 기호와 네 미간의 표가 되리라 이는 여호와께서 그 손의 권능으로 우리를 애굽에서 인도하여 내셨음이니라 할지니라"(14-16절)

우리는 누군가에게 감사했었던 일, 은혜와 도움을 받았었던 일을 다시 다른 사람에게 이야기하고 알릴 수 있어야 하겠습니다. 그래서 그 고마웠 던 일을 잊지 않도록 해야 합니다. 원수는 돌에 새기고 은혜는 물에 새기는 것이 우리 인간들의 이기적인 모습입니다만, 정말 멋지고 아름다운 사람은 자신의 현재의 모습을 있게 한 주위의 수많은 도움의 손길을 잊지 않는 사 람입니다.

하나님께서는 우리가 고마움을 곱씹고 기억하는 자이기를 기대하십니다.

세심한 배려, 하나님의 마음

> "바로가 백성을 보낸 후에 블레셋 사람의 땅의 길은 가까울지라도 하나님이

그들을 그 길로 인도하지 아니하셨으니 이는 하나님이 말씀하시기를 이 백성
이 전쟁을 하게 되면 마음을 돌이켜 애굽으로 돌아갈까 하셨음이라 그러므로
하나님이 홍해의 광야 길로 돌려 백성을 인도하시매"(17-18절)

애굽을 떠나 온 이스라엘 백성에게는 여전히 불안한 마음이 있었습니다. 그것은 바로 왕이 그 마음을 바꿔 뒤쫓아 올 것이라는 염려였습니다. 이것을 알고 계셨던 하나님은 그들에게 홍해 광야 길로 피할 길을 내셨습니다. 하나님은 이스라엘 백성들이 애굽을 떠나오던 '그날'에도 양이 없으면 염소로 대신하게 하셨고, 집안 식구가 모자라면 이웃과 함께 양을 잡을 수 있도록 하셨습니다(12:4-5). 우리는 이를 통해 약한 자들의 약함을 배려하시며 상황을 전개해 나가시는 하나님의 모습을 발견할 수 있습니다.

메뚜기 떼를 몰아오고 홍해를 가르는 놀라운 하나님이시면서 동시에 세심한 배려를 놓치지 않으시는 분이신 것입니다. 개인과 집단을 통해서 배려하시는 하나님, 큰 것을 주도하시되 작은 것도 소홀히 여기지 않으시는 하나님, 우리가 사랑하고 사랑하는 하나님의 모습입니다.

더불어 기억하시기 바랍니다. 여호와께서 그들 앞에 행하사 낮에는 구름 기둥으로 그들의 길을 인도하시고 밤에는 불 기둥으로 그들에게 비춰사 주야로 진행하게 하시니 낮에는 구름 기둥, 밤에는 불 기둥이 백성 앞에서 떠나지 않았다는 놀라운 사실을 말입니다.

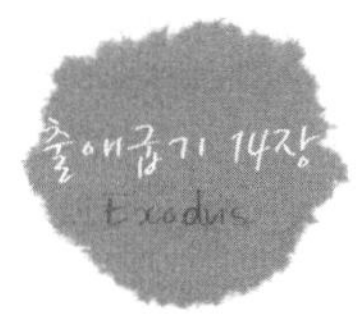

하나님을 사랑한다면 그만큼
사람도 사랑하게 되어 있는 것입니다

하나는 이스라엘 백성들에 대한 따뜻한 시선이요,
다른 하나는 하나님을 향한
절대 신뢰와 순종입니다.

마침내 이스라엘 백성이 출애굽을 합니다. 그러나 바로와 그의 군대는 마음을 바꾸어 이스라엘 백성들을 뒤쫓아 옵니다. 하나님은 이미 출애굽기 13장에서 이스라엘을 하나님의 군대로 부르셨건만, 이스라엘 백성은 "여호와께서 너희를 위하여 싸우시리니 너희는 가만히 있을지니라"(14절)라는 모세의 말을 신뢰하지 못하고 두려워 떨며 모세를 원망하고 있습니다.

하나님은 홍해 사건을 통해서 이스라엘을 이끌고 가나안에 들어갈 사명을 부여받은 자로서 모세의 지도력을 한층 더 높여 주고 계십니다. 결국 하나님은 바로와 그의 군대를 직접 대면하시고 그들을 홍해 한가운데에서 완전히 멸하십니다. 출애굽에 대한 하나님의 말씀이 온전히 성취되는 장면입니다.

하나님의 무기, 모세

바로 왕은 6개월간의 열 가지 재앙을 경험하고도 또다시 이스라엘 백성을 소유하고자 합니다. 애굽 군대가 추적해 오는 이유가 무엇입니까? 이스라엘 백성들을 다시 소유하기 위해서입니다. 모든 것을 내려놓은 것 같았던 바로가 끝끝내 물욕을 이기지 못하고 쫓아오는 것입니다.

애굽 군대가 가까이 오니 이스라엘 백성들이 얼마나 무서웠겠습니까? 그런데 앞에는 홍해가 있습니다. 그러자 그들이 모세와 하나님을 원망합니다. 앞뒤 길이 꽉 막힌 이러한 때에 그들의 신앙이 빛날 수 있는 것인데, 하나님이 길을 여실 것이라는 믿음을 가질 수 있는 것인데, 저들은 원망을 하고 있습니다. 하나님께서 구름 기둥, 불 기둥으로 고이 싸서 인도해 주시는데 이스라엘 백성들은 원망을 하고 있습니다.

> "우리가 애굽에서 당신에게 이른 말이 이것이 아니냐 이르기를 우리를 내버려 두라 우리가 애굽 사람을 섬길 것이라 하지 아니하더냐 애굽 사람을 섬기는 것이 광야에서 죽는 것보다 낫겠노라"(12절)

원망의 이유가 무엇인가요? 그것은 두려움이고 그 두려움은 바로의 군대에 대한 것입니다. 10절을 보십시오.

이스라엘 백성들은 바로의 '바' 자만 들어도 하루 종일 흙먼지를 뒤집어
쓰고 온갖 모욕과 학대를 받으며 살았던 애굽 생활이 떠올라 치가 떨릴겁
니다. 그런 바로가 선발된 병거 육백 대와 애굽의 모든 병거를 지휘관들로
하여금 거느리게 하고 뒤쫓아 오니(7절) 이스라엘 백성들이 심히 두려워할
수밖에요. 차라리 애굽을 섬기겠노라고 도리어 모세를 원망하고 있습니다.

이 '섬김' 이라는 말은 바로의 입에서도 나오는 단어입니다.

바로와 그 신하들이 이스라엘 백성에 대하여 마음이 변하여 이렇게 말
합니다.

바로는 아직 정신을 차리지 못하고 몇 달 전처럼 이스라엘 백성과 모세
를 이간질하는 역할을 톡톡히 하고 있는 것이지요.

그러나 이때 하나님은 모세를 통하여 이스라엘을 위하여 싸우시겠다는
말씀을 하십니다.

우선 이 말씀에서 느낄 수 있는 것은 하나님께서 이스라엘 백성의 두려

움을 아셨다는 사실입니다. 하나님께서 이스라엘 백성들의 심정을 이해하셨다는 사실입니다. 하나님께서 우리를 찾아와 말씀하실 때엔 이미 우리의 마음을 헤아리고 계십니다. 그리고 그 해결책을 말씀하시죠.

또한 이 구절에서 우리는 모세가 그의 삶 내내 지니고 있는 두 가지 삶의 자세를 엿볼 수 있습니다. 하나는 이스라엘 백성들에 대한 따뜻한 시선이요, 다른 하나는 하나님을 향한 절대 신뢰와 순종입니다. 애굽 군대의 말발굽 소리에 두려워 떠는 이스라엘 백성을 향해 모세는 이제 애굽 사람을 다시는 만날 일이 없게 될 것이라고 하며 안심을 시키고 있습니다. 하나님께서 이스라엘 백성을 위해 싸우실 것이라는 흔들릴 수 없는 사실을 자신 있게 알리는 모세의 모습은 그의 믿음에 기인하는 것이지만, 이스라엘 백성을 가엾게 여기고 아끼는 심정이 함께 있음을 읽어 낼 수 있어야 할 것입니다.

모세는 40여 년 전에도 그러했고 지금도 그러하듯 가슴 따뜻하고 어진 사람입니다. 하나님을 사랑한다면 그만큼 사람도 사랑하게 되어 있는 것이지요.

혼자 말씀 묵상하고 찬양할 때는 뜨겁게 열심을 내면서 사람들한테는 차갑고 무심하게 대하는 사람이 있다면, 글쎄요, 다시 한 번 자신을 돌아보라고 이야기하고 싶습니다.

알고, 믿고, 순종하기

이제 이스라엘 백성들이 할 일이라고는 '가만히 서서' '보는' 것뿐이었습니다. 하나님께서는 구름 기둥을 세우시고 밤새 동풍을 불게 하시어서 친히 당신의 백성을 위하여 싸우십니다. 이제 이스라엘 백성 앞에 놓여 있는 싸움은 창과 칼로 맞서는 싸움이 아니요, 하나님께서 친히 싸우신다는 사실, 이 사실을 믿느냐 안 믿느냐의 싸움입니다. 몸은 그냥 가만히 있으면 되는 것입니다.

그런데 그 '가만히' 있는 것이 쉽지는 않은가 봅니다. 여호와께서 모세에게 이르십니다.

> "너는 어찌하여 내게 부르짖느냐 이스라엘 자손에게 명령하여 앞으로 나아가게 하고 지팡이를 들고 손을 바다 위로 내밀어 그것이 갈라지게 하라 이스라엘 자손이 바다 가운데서 마른 땅으로 행하리라"(15-16절)

이스라엘 백성을 안심시킨 모세가 하나님을 다시 다급하게 찾았나 봅니다. 그러자 이제 하나님께서 일을 시작하십니다.

> "모세가 바다 위로 손을 내밀매 여호와께서 큰 동풍이 밤새도록 바닷물을 물러가게 하시니 물이 갈라져 바다가 마른 땅이 된지라"(21절)

하나님의 일을 하기 위해서는 하나님의 도구가 필요합니다. 구름이나 물이나 이런 것들은 하나님이 편히 쓰시는 수단입니다. 그러나 진정으로 하나님의 뜻을 좇는 인간 앞에서 쓰시는 것은 하나님의 사람입니다. 모세는 하나님의 무기입니다. 바로 이런 것들을 통해 바로의 군대와 싸워서 이기시는 것입니다. 모세가 일단 믿고 손을 내밀자 하나님의 싸움이 시작되었습니다.

모든 기적들이 모세의 순종 이후에 시작되는 것을 볼 수 있습니다. 믿고 순종할 때 하나님이 일하시는 것 같습니다. '믿고 순종하는 것이 먼저냐 기적이 먼저냐?' 라는 질문에 대답을 하자면, 성경 전체의 흐름을 볼 때 기적이 먼저이기보다는 믿고 순종하는 것이 먼저인 것 같습니다.

하나님께서 일하실 것이라는 사실을 알고, 그것을 믿고, 그리고 믿음으로부터 순종하는 모습을 보일 때 하나님께서는 나머지 모든 일들을 이루어 주십니다. 이 공식은 성경을 읽으면 읽을수록 더욱 분명해집니다. 그리고 이 공식을 믿음으로 받아들인다면 놀라운 은혜를 경험할 수 있습니다.

세상을 살다 보면 내가 다 이루어 놓은 일을 다른 사람이 포장하여 자신의 것으로 누리고 사는 경우도 있습니다. 다른 사람이 이루어 놓은 아흔 아홉에 겨우 하나 더 보태어 자신이 백을 만든 것으로 선전하며 사는 사람도 있습니다. 그러나 하나님의 공식은 그렇지 않습니다. 성경 말씀대로 겨자씨만한 믿음 하나를 귀히 보시고 도저히 되 갚을 수 없을 만큼의 몇십 몇백 배의 열매를 안겨 주십니다.

그러므로 우리가 진정으로 하나님의 신실하심을 믿고 있다면 '주시옵소서! 주시옵소서!' 투의 기도는 이미 넘어서야 하는 것이 아닌가 생각합니다. 이미 받은 것으로 믿고 감사하고 하나님께서 내게 베푸신 일과 내가 받은 하나님의 사랑을 다른 사람에게 전하는, 한층 성숙한 단계로 어서 나아가야 할 것입니다.

하나님께서 일하시는 멋진 장관을 지켜볼까요?

> "모세가 곧 손을 바다 위로 내밀매 새벽이 되어 바다의 힘이 회복된지라 애굽
> 사람들이 물을 거슬러 도망하나 여호와께서 애굽 사람들을 바다 가운데 엎으
> 시니 물이 다시 흘러 병거들과 기병들을 덮되 그들의 뒤를 따라 바다에 들어
> 간 바로의 군대를 다 덮으니 하나도 남지 아니하였더라"(27-28절)

이스라엘 사람들은 눈앞에 놓인 애굽 사람들의 시체를 보면서 "오늘 본

애굽 사람을 영원히 다시 보지 아니하리라"(13절)라는 말씀이 그대로 이루어진 것을 확인합니다.

이 일은 출애굽 사건의 마지막 장면이라는 점 외에 중요한 한 가지 의미가 더 있습니다. 애굽 사람들이 더 이상 따라오지 못할 것이라는 확신을 이스라엘 백성들에게 심어 주심으로써 앞으로의 광야 생활 동안 마음의 흔들림 없이 하나님의 백성으로 훈련받게 하시려는 하나님의 깊디깊은 배려가 숨어 있는 것입니다.

밤길이 무섭더라도 힘 있는 자와 함께라면 든든하듯이 하나님과 함께하면 그렇다는 것입니다

노예 생활로부터의 해방감은 잠깐일 뿐,
곧 현실적인 문제에 부딪쳐
이스라엘 백성들의 주요 레퍼토리인 '원망'이 또 시작되었습니다.

출애굽 사건의 숲에서 본다면 출애굽기 12장에는 애굽으로부터 탈출이 있었고, 출애굽기 13장에서는 그 사건에 대한 하나님의 해석이 나옵니다. 하나님은 출애굽이 얼마나 중요한지에 대해, 그리고 자손 대대로 지킬 유월절 규례는 어떠한 것인지에 대해 말씀하십니다.

한편 출애굽기 14장에서는 이스라엘 백성들이 출애굽에 대해 하나님께 감사할 겨를도 없이 눈앞에 홍해가 나타납니다. 애굽의 군대가 뒤쫓아 오는 바람에 하나님이 행하신 일에 대해 응답도 제대로 못하고 홍해 사건에 직면한 것입니다. 그러나 그날 밤 홍해가 갈라져 자신들은 무사히 건너고 애굽 군대가 모두 멸망당하는 것을 지켜보고 이스라엘 백성들은 15장에 와서 한 목소리로 여호와 하나님의 이름을 높입니다.

하나님이 행하신 구원 역사에 대해, 최고의 감사 표시로 감격의 노래를 부르고 있는 놀랍고 아름다운 장면입니다.

노래할 이유 있네

> "이 때에 모세와 이스라엘 자손이 이 노래로 여호와께 노래하니 일렀으되 내
> 가 여호와를 찬송하리니 그는 높고 영화로우심이요 말과 그 탄 자를 바다에
> 던지셨음이로다"(1절)

우리가 이 한 구절만으로도 감사할 것은 이 노래가 하나님이 하신 일에 대해 인간이, 그것도 집단적으로 반응하는 것이라는 점 때문입니다. 하나님이 하신 일에 대해 이스라엘 백성 전체가 집단적으로 감사의 고백을 올릴 때 하나님의 마음은 무척 흐뭇하셨을 것입니다. 자신들이 느끼고 직접 노래를 지어 불렀다는 것, 노래가 부르는 사람의 경험을 바탕으로 마음 깊숙한 곳으로부터 터져 나온다는 점을 생각할 때 이스라엘 백성의 찬양은 깊은 감사의 응답이었음을 알 수 있습니다.

마치 노아가 방주에 내려서 제사를 드렸던 것처럼 하나님이 일하시고 이에 대해 인간이 감사하는 모습, 즉 하나님과 인간의 관계가 하나님으로부터 일방적으로 형성된 관계가 아니라 쌍방적, 쌍무적 관계라는 것을 확인시켜 주는 모습인 것이지요. 우리는 홍해 바다 건너에서부터 시내 광야까지 울려 퍼졌을 우렁찬 노랫소리에 실려 있는 이 의미를 새겨야 할 것입

니다.

"여호와는 용사시니 여호와는 그의 이름이시로다 그가 바로의 병거와 그의
군대를 바다에 던지시니 최고의 지휘관들이 홍해에 잠겼고 깊은 물이 그들을
덮으니 그들이 돌처럼 깊음 속에 가라앉았도다"(3-5절)

여호와보다는 애굽 군대가 더 강한 것으로 생각했고, 그래서 하나님의
말씀보다 바로의 말을 더 무서워했던 이스라엘 자손들이 이제 하나님의 권
위가 최고임을 인정하고 그분의 강력하심을 '용사'라는 말로 표현하고 있
습니다. 하나님은 바로의 병거와 군대를 바다에 던져 넣으신 용사라는 것
입니다.

밤길이 무섭더라도 힘 있는 자와 함께라면 든든하듯이 하나님과 함께하
면 그렇다는 것입니다.

"주의 콧김에 물이 쌓이되 파도가 언덕 같이 일어서고 큰 물이 바다 가운데 엉
기니이다"(8절)

"주께서 바람을 일으키시매 바다가 그들을 덮으니 그들이 거센 물에 납 같이
잠겼나이다"(10절)

정말 멋있고 극적인 가사입니다.

이스라엘 백성들은 자신들에게 덮치지 않고 애굽 군대만을 집어삼키는
파도를 보면서 아마 할 말을 잃었을 것입니다. '가만히 서서 보기만 하라고
하더니 정말 보기만 하면 되는구나. 하나님께서 정말 우리를 위해 일하시
는구나.' 하면서 넋을 놓고 보고 있었을 것입니다.

자신들과 애굽 군대를 분명히 구별하여 파도를 일으킨 바람을 '주의 콧

김', '주의 바람'이라고 표현한 것은 너무나 당연한 일일 것입니다. 또한 사나운 파도에 휩쓸려 맥없이 가라앉던 애굽 군인들의 모습이 얼마나 생생히 머릿속에 남았으면 '납 같이' 잠겼다고 했을까요? 이 부분을 오페라로 만들면 정말 장엄한 합창 부분이 될 것 같습니다.

이스라엘 백성들에게는 하나님을 노래할 이유가 분명히 있었을 것입니다.

법도와 율례를 정하신 이유

그러나 기쁨의 노랫소리의 여운이 채 사라지지도 않은 때에 광야 생활에서의 첫 번째 어려움이 닥칩니다. 그것은 물 때문이었습니다.

모세가 홍해에서 이스라엘을 인도하여 수르 광야로 들어갑니다. 거기서 사흘 길을 행하였으나 물을 얻지 못하고 마라에 이르렀습니다. 그러나 그곳 물이 써서 마시지 못하겠으므로 그 이름을 '마라'(쓴 물)라 하며 백성이 모세를 대하여 원망하기에 이릅니다.

"우리가 무엇을 마실까?"

씻을 물, 먹을 물 없이 살아가는 광야 생활입니다. 고달프고 괴롭습니다. 양희은 씨의 노래 '봉우리'의 가사처럼 우리 인생이라는 것이 이 봉우리만 넘으면 이제 편안한 내리막길이겠지 생각하지만, 그 봉우리는 작은 고갯마루였을 뿐이고 더 높은 다른 봉우리로 올라갈 수밖에 없는 것인가 봅니다. 노예 생활로부터의 해방감은 잠깐일 뿐, 곧 현실적인 문제에 부딪쳐 이스라엘 백성들의 주요 레퍼토리인 '원망'이 또 시작되었습니다.

그러나 하나님께서는 언제나 그러하셨듯 살 길을 열어 주십니다.

> "모세가 여호와께 부르짖었더니 여호와께서 그에게 한 나무를 가리키시니 그
> 가 물에 던지니 물이 달게 되었더라 거기서 여호와께서 그들을 위하여 법도와
> 율례를 정하시고 그들을 시험하실새"(25절)

하나님께서는 누구를 위하여 법도와 율례를 정하셨을까요? 그것은 전
적으로 이스라엘 백성을 위한 것이었습니다. 징계나 저주가 목적이 아님을
말씀을 통하여 분명히 확인할 수 있습니다.

> "너희가 너희 하나님 나 여호와의 말을 들어 순종하고 내가 보기에 의를 행하
> 며 내 계명에 귀를 기울이며 내 모든 규례를 지키면 내가 애굽 사람에게 내린
> 모든 질병 중 하나도 너희에게 내리지 아니하리니 나는 너희를 치료하는 여호
> 와임이라"(26절)

다수가 함께 사회를 이루어 생활하는 가운데 발생할 수 있는 여러 가지
사실 관계에 대해, 관련 당사자들 간의 지위와 지켜야 할 의무와 행사할 수
있는 권리의 내용을 정해 놓고, 의무를 위반하거나 권리 행사를 방해받았
을 경우에 처리의 내용을 규정한 것이 법입니다. 하나님은 당신과 사람들
사이에 일정한 의무와 권리의 규정을 두고 지켜 나가면서 그 관계를 발전
시켜 나가길 간절히 원하셨습니다.

레위기에서 이 법도와 율례의 내용에 대해 더욱 자세히 알 수 있게 되겠
지만, 우선 하나님께서는 의를 행하고 규례를 지킬 경우에 주실 축복을 먼
저 강조하여 말씀하고 계십니다. 하나님은 질병을 내리실 수도 있는 분이
십니다. 애굽 사람들이 질병으로 고통받는 모습을 이스라엘 사람들도 다
보아서 알고 있습니다. 그러나 하나님은 그 점을 강조하시기 전에 치료의
하나님이심을 먼저 알리고 계십니다.

이스라엘 백성들이 하나님의 법도를 지키면 질병으로 고통당하지 않을

권리가 주어진다는 것입니다. 이것을 하나님 입장에서 표현하면 그 뜻은 더욱 분명하고도 놀랍습니다. 이스라엘 백성들이 하나님이 정하신 율례대로 행하면 하나님은 이스라엘 백성들에게 질병을 부가하시지 않을 의무를 지신다는 것입니다. 하나님 스스로 당신의 의무 내용을 규정하셨습니다.

곰곰이 새겨볼수록 값지고 귀한 말씀이 아닐 수 없습니다. 성경을 오해하고 있는 많은 사람들이 이런 구절에 대한 깊은 성찰이 없어서가 아닌가 라는 생각을 해 봅니다. 하나님의 마음을 잊어버린 채, 표피적인 결과를 놓고 경솔히 판단하기 때문에 하나님의 말씀을 오해하는 것 같습니다.

이스라엘 백성들이 물 샘과 종려나무 칠십 그루가 있는 엘림에 장막을 칩니다. 모래 바람이 매서운 광야 생활의 대장정은 그렇게 시작되고 있었습니다.

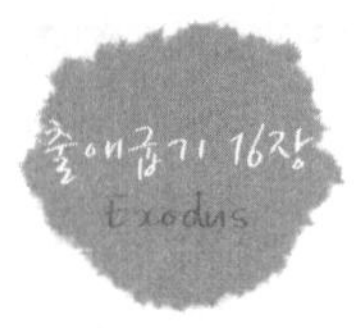

총 쏘기 칼 쓰기를 훈련하기 전에 우선
앉고 일어서는 훈련부터 하는 것이지요

> 하나님께서는
> 하루도 거르지 않으시고
> 만나를 공급하셨습니다.

출애굽한 이스라엘 백성은 한 달 반 만에 양식이 다 떨어져 이로 인해 모세를 원망합니다. 그렇지만 하나님은 이를 통해 작은 시험을 베푸심으로 이스라엘 백성을 훈련시키고자 하십니다. 그래서 만나를 제공하사 기본적인 양식 문제를 해결하시고 이를 안식일과 연결시키십니다.

이 안식일에 대한 요구는 모세오경이라는 숲에서 본다면 일찍이 창조 후 말씀하셨던 그 안식일을 기억하고 지킬 것을 요구하신 것입니다. 이는 결국 성경 전체의 숲이라는 관점에서 볼 때 모든 그리스도인이 그의 나라와 그의 의를 구하는 삶을 살아야 할 것을 말씀하신 것입니다. 양식에 대한 이스라엘 백성의 원망은 그의 나라와 그의 의를 먼저 구하기보다는 자기들이 먹을 것을 먼저 구한 것에서 비롯된 것이니까요.

원망 받는 지도자

출애굽한 지 한 달 반 만에 먹을 양식이 떨어졌습니다. 백성들이 하나님께 원망한 것은 사실이지만 이 원망 때문에 하나님께서 만나를 주신 것은 아닙니다. 이스라엘 백성을 향한 하나님의 사랑과 책임 때문이었습니다. 하나님께서는 준비한 양식이 떨어졌을 때 그 시점을 통해 이스라엘 백성들의 반응을 시험하십니다. 그러나 그들은 원망으로 간구합니다.

이때 '하나님이 또 무슨 일을 준비하셨나?' 하고 모여서 찬양하고 즐거워했었다면 얼마나 좋았을까요? 그러나 그 정도 수준이 되지를 않습니다. 수준이 낮을 대로 낮은 이스라엘 백성을 붙들고 하나님의 백성의 수준으로 향상시키기 위해 얼마나 하나님이 애쓰시고, 모세가 애쓰는지 볼 수 있습니다.

잠시 하나님께서 만나를 내리시기 직전의 상황을 살펴봅시다. 이스라엘 온 회중이 그 광야에서 모세와 아론을 원망하며 말합니다.

> "우리가 애굽 땅에서 고기 가마 곁에 앉아 있던 때와 떡을 배불리 먹던 때에 여호와의 손에 죽었더라면 좋았을 것을 너희가 이 광야로 우리를 인도해 내어 이 온 회중이 주려 죽게 하는도다"(3절)

이스라엘 백성들의 레퍼토리인 원망이 또 시작되었지요. 책임을 지는 위치에 서게 되면 그 책임의 양과 무게만큼 원망도 듣게 되는 것이 인지상 정인 것 같습니다.

그런데 이 원망을 바라보는 모세의 모습을 봅시다. 모세와 아론은 저들 의 원망의 본질을 꿰뚫고 있습니다.

> "우리가 누구냐 너희의 원망은 우리를 향하여 함이 아니요 여호와를 향하여 함이로다"(8절)

백성들은 표면적으로는 모세를 향하여 원망하고 있지만 실은 모세를 여 호와의 편으로 여기고 여호와를 향하여 원망하고 있다는 점을 알 수 있습 니다. 그리고 모세는 이스라엘 백성들의 원성의 소리를 자신의 지도자적 자질에 대한 사사로운 원망으로 받아들이기보다는 하나님에 대한 것으로 정리하고, 원망 자체에 대해 연연해 하거나 흔들리지 않습니다. 모세는 앞 으로 40년 동안 이스라엘 백성으로부터 원망을 수도 없이 듣게 됩니다만 이를 기꺼이 감수합니다.

시험과 훈련

'작고 둥글며 서리 같이 가는 것' 으로 덮여 있는 출애굽기 16장은 우선 시험과 훈련이라는 관점에서 볼 수 있습니다. 하나님의 더 큰 요구 사항들 을 주시기 위해 작은 계명을 말씀하시는 것입니다. 즉 '하라. 하지 말라.' 입니다. 이스라엘 백성들에게는 모든 민족의 복의 통로로서의 준비 훈련이 최종 목표입니다. 단지 먹을 것, 입을 것, 마실 것이 문제가 아니라 앞으로 그들에게는 최종 목표를 위한 더 큰 순종이 요구되어집니다. 그런데 그 시험과 훈련의 교과과정 안에는 만나와 안식일이라는 우리에게 친숙한 내용이 들어 있습니다.

그때 하나님께서 모세에게 말씀하십니다.

> "보라 내가 너희를 위하여 하늘에서 양식을 비 같이 내리리니 백성이 나가서 일용할 것을 날마다 거둘 것이라 이같이 하여 그들이 내 율법을 준행하나 아니하나 내가 시험하리라"(4절)

'시험하리라'는 하나님의 말씀 속에는 이스라엘 백성과 아주 기본적인 훈련을 함께하시면서 더 큰 율례와 계명을 준비하시겠다는 하나님의 뜻이 담겨 있습니다.

이웃 사랑과 선교를 감당하는 제사장 나라, 이스라엘에 대해 하나님께서 이렇듯 요구하시고 이스라엘의 동의와 순종을 받아 내길 원하시는 까닭은 단지 하나님을 위한 것이 아닙니다. 이스라엘 백성이 거룩한 삶을 일구어 나가고, 그 삶을 통하여 진정한 기쁨과 행복을 누리게 되는 것, 그래서 그 기쁨과 행복이 이웃에게 복이 되는 통로가 되는 것을 하나님께서는 원하시고, 그러한 면모를 갖추는 이스라엘 백성들이 되기를 기다리고 계시는 것입니다.

그런데 그 훈련이라는 것이 처음부터 엄청나게 어렵고 대단한 것은 아닙니다. 정말 간단하고 단순하면서도 기본적인 것들이었습니다.

'오늘은 한 오멜만 거두고 여섯째 날은 두 오멜만 거두어라.' 이렇게 간단한 훈련을 시키고 계십니다. 총 쏘기, 칼 쓰기 훈련을 하기 전에 우선 앉고 일어서는 훈련부터 하는 것이지요. 하나님은 한 오멜, 두 오멜 훈련을 통해 이스라엘 백성들을 시험하고 계신 것입니다. 더 큰 것을 훈련시키겠다는 것을 '시험'(4절)이라는 단어를 통해 읽을 수 있습니다.

하나님께서 하늘 문을 여시고 하얀 눈송이 같은 만나를 내려 주십니다.
이스라엘 백성들은 지금껏 듣지도 보지도 못한 장관 앞에 서 있습니다. 하
나님께서 하늘로부터 직접 일용할 양식을 공급하시는 일은 인류 역사상 처
음 있는 일이었고, 그 이후로 지금까지 다시없는 일이었습니다.

한 가지 우리가 잘 인식하지 못하고 있는 사실은 하나님께서 이 만나를
이스라엘 백성들의 광야 생활 내내 내려 주셨다는 것입니다. 이스라엘 백
성들이 아무리 반항하고 원망하고 불평하고 우상을 만들어 섬기고 온갖 짓
을 다 해도 하나님께서는 하루도 거르지 않으시고 만나를 공급하셨습니다.
아마 어느 정도 시간이 흐른 후에 이스라엘 백성들은 만나를 거두는 일을
지극히 일상적인 일로 알았을 것입니다. 하지만 그 일은 그 당시 이스라엘
백성들이 누렸던 놀라운 기적이며 특권이었습니다. 하나님께서는 약속의
땅에 이를 때까지 이스라엘 백성들을 지속적으로 책임지셨던 것입니다.

평균케 하시는 하나님

여호와께서 이같이 명하십니다.

오멜로 되어 본즉 많이 거둔 자도 남음이 없고 적게 거둔 자도 부족함이 없이 각기 식량대로 거두게 됩니다. 욕심을 부려 많이 거둔 자도 돌아와서 그 양을 달아 보면 한 오멜일 뿐이었습니다. 그러나 하나님께서는 특별히 장막에 있는 자 중 약한 자들을 기억하시어서 그들을 위해서 더 거두는 것을 허락하셨습니다. 이렇게 하여 적게 거둔 자도 부족함이 없었습니다.

약한 자를 챙기시는 하나님, 성경 전체를 통하여 끊임없이 만나게 되는 하나님의 모습입니다.

만나 사건은 또 하나의 중요한 의미, 즉 '평균케 한다'는 의미를 담고 있습니다. 성경 전체의 숲에서 '평균케 하시는 하나님'이라는 관점으로 숲 속의 나무를 찾아보자면 이 만나 사건도 빼놓을 수 없는 나무에 해당할 것입니다. 이 사실은 이후 사도 바울이 마케도니아와 아가야 교회를 격려해 가며 예루살렘을 위하여 연보를 준비시킬 때, '평균'이라는 단어를 출애굽기 16장의 만나 사건을 예로 들며 말씀하는 것에서도 확인할 수 있습니다 (고후 8:13-15).

만나와 안식

"내일은 휴일이니…"(23절). 사실 이스라엘 백성들은 애굽에서 생활하는 동안 휴식이 없었습니다. 벽돌 몇 장씩 찍어 내라는 애굽인들의 명령에 쉴 틈이 없었을 것입니다. 잠 잘 시간인들 충분했겠으며 안식일이라도 거룩한 안식일로 지킬 수 있었겠습니까? 모세가 이스라엘 백성들에게 당부합니다.

하나님은 십계명을 제정하시기 전부터 일용할 만나를 주시면서 제칠 일에는 안식일을 지키도록 하셨습니다. 그 당시 안식일을 범하는 주된 이유는 먹고 사는 일에 얽매여 있기 때문이 아니었을까요? 그래서 하나님께서는 만나를 주시면서 안식일에 진정으로 안식하는 훈련을 시키고 계십니다.

솔직히 만나 씨를 뿌려 만나 열매를 거두는 것도 아니고 하늘에서 매일 저절로 떨어지는 만나를 주어다가 양식으로 삼는 일이 뭐 그리 대단한 노동이었겠습니까? 그런데도 하나님은 이 일을 분명히 안식일에는 반드시 중단해야 할 '일'로 규정하시고 안식일을 준수하기를 바라십니다.

이렇게라도 안식일에 대한 훈련을 시켜 놓으셨기에 일에 중독되어 사는 현대인들이 겨우 안식일은 지키며 살고 있는 것이 아닌가 생각됩니다. 요즈음 밤낮없이 일하시는 분들을 보면 누구를 위해 하는 일인지도, 정작 그렇게 열심히 한 일의 결과를 가지고 무엇을 할 것인지도 정해 놓지 않은 채 남들이 달려가는 속도를 맞추는데 급급한 모습을 발견합니다. 그런 사람들일수록 쉬는 시간이 있어도 잘 쉬지 못하고 불안해 합니다. 하나님께서는 쉴 만하니까 쉬라고 하십니다. 쉬어도 되고, 또 쉬어야 하니까 쉬라고 하시는 것이지요.

성경 전체의 숲에서 안식일이 가지는 의미를 다시 새겨보자면 그것은 모든 그리스도인들이 '그의 나라와 그의 의를 구하는 삶'을 살아야 할 것을 의미하는 것입니다. 모든 먹을 것과 마실 것은 하나님께서 아시고 더해 주시므로 우리는 하나님께서 정하신 때에 쉬어야 합니다. 이스라엘 백성들이 안식일에 만나를 구하러 나간 것은 그의 나라와 그의 의를 먼저 구한 것이 아니라 자기들의 먹을 것과 마실 것을 먼저 구한 것입니다.

세상 한복판에서 살아가는 우리들에게 있어서 먹고 마시는 것과 하나님의 나라와 의는 어떠한 관계가 있을까요? 하나님의 나라와 하나님의 의를 구하며 사는 길은 식음을 전폐하고 사는 삶을 뜻하지는 않을 것입니다. 오히려 하나님의 나라와 의를 구할 때 그 나머지 모든 것은 걱정하지 않아도 당연히 원만하게 해결되는 관계에 있습니다.

너무나 잘 알고 있듯이 먹고 마시는 데에만 온통 삶의 에너지를 쏟으며 산다고 해도 먹고 사는 문제는 결코 쉽게 해결되지 않습니다. 단 한 번 사는 세상을 살며 내 자신의 능력과 감성과 모든 가능성을 내 몸과 내 가족을 건사하는 일에 쓰고 살지만, 먹고 사는 일은 평생 잘 풀리지 않는 숙제입니다. 그러나 하나님의 나라와 의를 구하며 하나님께서 기뻐하시는 뜻을 따라 살면 먹고 마시는 일은 하나님께서 덤으로 알아서 해 주신다고 합니다. 그렇다면 우리는 어떤 유형의 삶을 사는 것이 더 현명한 것이겠습니까? 이 간단한 선택의 상황 앞에서 우리는 참으로 오랜 시간 동안 고민합니다.

출애굽기 16장의 숲에서 만나게 되는 '만나와 안식'의 공식은 우리가 평생 인생의 숲을 거닐며 마주치게 되는 '먹고 사는 문제와 그의 나라와 그의 의'의 공식의 답을 제공합니다. 먹고 사는 기본적인 문제가 좀처럼 해결되지 않아 힘들고 어려운 시간대를 보내고 있는 분들에게 이 말씀이 꿀 섞은 과자 같은 말씀이 되었으면 합니다.

연약한 자들을 괴롭히는 것을 하나님은
절대 용납하지 않으십니다

모세는 비록 그가 생각하기에
비합리적이고 비상식적이라 할지라도 하나님의 말씀이라면
믿고 순종할 준비가 되어 있었던 것입니다.

출애굽기 17장에는 출애굽한 이스라엘이 홍해를 건넌 후 치른 첫 번째 전쟁인 아말렉과의 전쟁이 기록되어 있습니다. 이 전쟁은 광야에서 약자를 대상으로 약탈을 자행하던 아말렉과 이스라엘 사이에 앞으로 전쟁이 계속 있을 것임을 시사하는 것이기도 합니다. 하나님은 신명기에서 약자를 괴롭히는 아말렉의 행태를 나무라시는데, 이는 누구든지 약한 자를 괴롭히면 그들을 내버려 두지 않으시고 계속 싸우시겠다는 의지를 보여 주시는 것입니다.

출애굽기라는 숲에서 본다면, 하나님은 출애굽 이후 이스라엘 백성을 하나님의 군대로 부르십니다. 이스라엘 백성이 애굽 군대와 싸울 때는 하나님 홀로 싸우십니다. 그러나 두 번째 아말렉과의 싸움에서는 이스라엘 백성과의 협력을 통해 승리를 이끌어 내시는 것을 볼 수 있습니다.

위기를 느끼는 지도자

이스라엘 자손의 온 회중이 여호와의 명령대로 신 광야에서 떠나, 그 노정대로 행하여 르비딤에 장막을 쳤으나 백성들은 마실 물이 없어서 모세와 다투게 됩니다.

"우리에게 물을 주어 마시게 하라."

"너희가 어찌하여 나와 다투느냐? 너희가 어찌하여 여호와를 시험하느냐?"

출애굽 이후 3개월 동안 이스라엘 백성들은 모세를 원망하다가 이제 모세와 다투기까지 합니다.

일전에 마라에서는 물이 쓰다고 모세를 원망했습니다. 그때 모세는 나뭇가지를 끊어서 물에 던졌고, 그 결과 물이 달아져서 마실 수 있게 되었습니다. 이번에는 원망 차원을 넘어섭니다. 모세는 저들이 돌로 자신을 쳐 죽일지도 모른다는 위기감을 느낍니다.

그러자 모세가 여호와께 부르짖습니다.

"내가 이 백성에게 어떻게 하리이까 그들이 조금 있으면 내게 돌을 던지겠나이다."

모세의 리더십이 발 디딜 자리가 없게 된 시점에, 하나님은 백성들을 부르고, 그 백성들 앞에서 장로들을 불러 내라 하십니다.

17장 앞 부분에서는 원망의 주체가 막연히 이스라엘 백성들로 표현되어 있지만 실상 백성들 중 장로들이 앞장서서 원망을 하고 있었던 것으로 짐작할 수 있습니다. 솔직히 불평과 원망할 일이 생기면 높은 자리에 있는 사람들이 먼저 원망함으로써 아랫사람들의 마음을 부추겨 상황을 더 악화시키는 것을 적잖이 볼 수 있습니다. 바로 지금 모세 앞에 놓여져 있는 상황이 그러했습니다.

그러자 이제 하나님께서 모세의 권위를 확보해 주시려고 마라에서의 기적보다 더 놀라운 기적을 보여 주십니다.

> "나일 강을 치던 네 지팡이를 손에 잡고 가라 내가 호렙 산에 있는 그 반석 위 거기서 네 앞에 서리니 너는 그 반석을 치라 그것에서 물이 나오리니 백성이 마시리라"(5-6절)

모세가 이스라엘 장로들의 목전에서 그대로 했습니다.

'이스라엘 장로들의 목전에서' 기적을 베풀어 주셨다는 대목을 통해 하나님께서 이스라엘 장로들의 원망을 잠재우고 그들 앞에서 모세의 권위를 세워 주려 하셨다는 것을 확인할 수 있습니다. 험악한 광야 생활 동안 가장 절박하게 필요한 것이 물입니다. 바로 그 물을 모세로 하여금 돌을 쳐서 만들어 낼 수 있게 하심으로써 백성들 사이에서 모세의 지위를 확고히 해 주신 것입니다. 그래야 앞으로 모세의 지휘 아래 광야에서의 훈련을 원만히 해 나갈 수 있기 때문인 것이죠.

'하나님께서는 하나님의 더 큰 영광을 위해 무엇을 어떻게 준비하시는가?' 라는 측면에서 이 사건을 바라봅시다. 하나님은 하나님께서 세우신 사람이 공동체를 이끌어 갈 리더십을 발휘할 수 있도록 터를 닦아 주십니다.

하나님께서는 지도자에게 일을 맡기실 때에 일을 감당할 만한 여건을 함께 예비해 주신다는 것이지요.

믿어 주는 사람

모세는 마라에서의 기적 때도 그렇고, 지금도 그렇고, 무던히도 하나님의 말씀을 믿고 순종합니다. 나무를 꺾어 넣으라면 넣고, 반석을 치라면 치고…. 모세는 준비가 다 되어 있습니다. 적어도 하나님을 믿고 순종할 준비가 항상 되어 있다는 것이지요. 하나님께서 무엇을 요구하시든 간에 따를 준비가 되어 있으니, 이러한 사람을 통해 하나님께서 일을 하실 수 있는 것입니다.

모세는 합리적이고 상식이 있는 사람이었습니다. 그러나 자신의 합리적인 사고와 상식의 수준을 넘어서는 하나님의 요구에 언제든 순응할 준비를 하고 사는 사람이었습니다. 하나님께서는 이스라엘 백성들의 수준이 바로 이 모세의 수준에 이르기를 바라셨습니다. 믿어 주는 사람, 하나님을 끝까지 믿어 주는 사람, 모세가 그러한 사람이었습니다.

모세는 하나님께서 무엇인가를 요구하실 때, 그 요구 내용에는 구애받지 않는 사람이었던 것 같습니다. 다만 그 요구를 하시는 분에게만 신경을 쓰는 사람이었습니다. 그렇기 때문에 일면 따르기 힘든 일도 하나님께서 요구하신다는 이유로 순종할 수가 있었던 것 같습니다.

크리스천의 리더십은 섬김의 리더십이고 믿음의 리더십입니다. 많은 경우에 우리는 리더십이 말씀을 기가 막히게 잘 전하고 치유의 기적을 베푸는 데서 나오는 것처럼 생각하는 경향이 있습니다. 그것도 일면 사실일지 모릅니다. 그러나 하나님께는 우선 하나님을 섬기고 믿는자, 하나님을 끝 끝내 믿어 주는 사람을 리더로 세우시고 그의 리더십을 확보해 주신다는 것을 알아야 할 것입니다. 그런 자에게 말씀의 은사도 주시고 치유의 은사 도 덤으로 주시는 것이지요.

약자의 하나님

"그 때에 아말렉이 와서 이스라엘과 르비딤에서 싸우니라"(8절)

애굽을 탈출한 많은 이스라엘 백성들의 행렬은 아마 그 처음과 끝을 한 눈에 볼 수 없는 긴 행렬이었을 것입니다. 그리고 그 행렬의 끝에는 아무래 도 건강치 못한 사람, 연약한 사람들이 지친 몸을 이끌고 행진하고 있었겠 지요. 그런데 유랑 민족인 아말렉 민족이 행렬 끝에 있는 사람들에게 약탈 을 일삼고 있었습니다. 긴 행렬의 끝에 기습적으로 나타나서 약탈을 하는, 치고 빠지는 전법을 쓰니 행렬의 앞쪽에서 손쓸 겨를도 없이 행렬 끝자락 에 있는 사람들만 당하고 있을 수밖에 없었겠지요.

하나님은 이렇듯 약한 자를 괴롭히는 아말렉 민족을 치시고 연약한 백 성을 위로하십니다. 신명기에서 그 뜻을 명시적으로 말씀하고 계십니다만 (신 25:17-19), 하나님께서는 연약한 자를 괴롭히는 것을 절대 용납하지 않으신다는 것을 미리 알 수 있는 부분입니다.

"여호와께서 모세에게 이르시되 이것을 책에 기록하여 기념하게 하고 여호
수아의 귀에 외워 들리라 내가 아말렉을 없이하여 천하에서 기억도 못 하게
하리라 모세가 제단을 쌓고 그 이름을 여호와 닛시라 하고 이르되 여호와께

하나님께서 '대대로' 싸우시리라는 말씀을 보면서 하나님께서 얼마나
공평하신지 깨닫게 됩니다. 어떤 이는 하나님께서 약한 자를 편애하시는
분이라고까지 말합니다. 약한 자에 대해 관심을 가지고 살피시는 분이라는
것을 강조한 말이라 할 수 있겠습니다. 성경을 읽어 갈수록, 하나님을 알아
갈수록 하나님은 '약자의 하나님' 이시라는 움직일 수 없는 사실을 알게 됩
니다.

요즈음 안타깝게도 교회가 커지고 번성하면서 때로는 교회조차 강자의
교회가 되어 가는 것을 목격하게 됩니다. 어느 집단이나 가진 자와 가지지
못한 자, 누리는 자와 소외받는 자가 있기 마련입니다. 그 자체를 부인할
수는 없지요. 하지만 있는 자들끼리 모여 자신들이 누리고 즐기는 것들에
대해 이야기하는 동안 하나님의 최대의 관심 대상 중의 하나인 약자들이
잊혀져 간다는 사실을 기억했으면 좋겠습니다.

교회도 사람이 모이는 곳인지라 때로는 사교 장소가 되고 젊은이들의
혼처 구하는 곳이 되는 것을 막을 수는 없겠습니다. 그러나 그것이 교회의
주된 존재 이유가 될 수는 없는 것이지요. 우리가 하나님을 찾는 이유, 교
회 마당을 밟는 이유가 하나님의 관심의 대상과 무관한 데 있다면 하나님
께서는 약자를 멀리하는 우리를 언젠가 판단하실 것입니다.

성경 전체에 약한 자에 대한 하나님의 관심이 묻어나 있습니다. 우리가
매주 옆구리에 끼고 다니는 성경책에 말이지요.

또 다른 준비, 여호수아

모세의 순종에 이은 또 하나의 아름다운 모습은 아론, 훌, 여호수아의 협력입니다. 이들이 실질적으로 장로들의 협력을 이끌어 내고 전체적으로는 백성들의 협력을 이끌어 내어 여호수아의 칼날로 아말렉을 치도록 협력합니다.

모세가 여호수아에게 말합니다.

> "우리를 위하여 사람들을 택하여 나가서 아말렉과 싸우라 내일 내가 하나님
> 의 지팡이를 손에 잡고 산 꼭대기에 서리라"(9절)

여호수아가 모세의 말대로 행하여 아말렉과 싸웁니다.

그러자 모세와 아론과 훌은 산꼭대기에 올라가서 기도합니다. 모세가 손을 들면 이스라엘이 이기고 손을 내리면 아말렉이 이깁니다. 그런데 모세의 팔이 피곤하자 아론과 훌이 돌을 가져다가 모세의 아래에 놓아 그로 그 위에 앉게 하고 하나는 이편에서 하나는 저편에서 모세의 손을 붙들어 올렸습니다. 이에 모세의 손이 해가 지도록 내려오지 아니하고 여호수아가 칼날로 아말렉과 그 백성을 쳐서 이기게 됩니다.

더욱이 이 장에서 하나님께서는 모세의 후임자로 여호수아를 예시하고 계십니다. 여호수아는 아말렉과의 전쟁 최전방에서 목숨을 걸고 싸웁니다. 그리고 그 싸움의 이기고 짐이 모세의 손에 달려 있는 것을 체험하면서 전쟁이 하나님께 속했다는 것을 뼈저리게 깨달았을 것입니다. 그리고 모세의 40년 사역을 가까이에서 지켜보면서 이 사실을 마음에 새겼을 것입니다. 후에 여호수아서에서 가나안 땅에 이스라엘 지파의 깃발을 꽂을 때, 여호

수아는 그것이 누구의 전쟁이며 누구의 승리인지 잊지 않았습니다.

　이스라엘 백성들은 바로와의 싸움에서, 갈증과의 싸움에서, 배고픔과의 싸움에서 여호와의 도우심으로 승리합니다. 그 모습을 여호수아는 시종 지켜보고 있습니다.

나 혼자만의 일이 아닌 협력의 결과는
더 풍성합니다

> 열심히 하지 않는 것은 아니었습니다.
> 그러나 많은 무리를 이끄는 모세가
> 모든 일을 혼자 감당하고 있는 것이 어리석다는 것이지요.

이스라엘의 출애굽을 지휘하고 광야 길을 앞장선 모세는 지금껏 모든 일에 있어서 자신의 결정을 따르기보다는 하나님의 명령을 따라서 수행해 왔습니다. 이러한 모세가 이스라엘 사회의 하부구조를 갖추는 일에 있어서는 하나님으로부터 직접적인 지시를 받지 않고 장인 이드로의 제안을 들은 뒤 자신이 그 제안의 수용 여부를 결정합니다.

하나님이 아담에게 에덴동산을 맡기실 때 아담에게 이름 짓는 일을 전적으로 맡기셨던 것처럼, 하나님은 모세에게 이스라엘 백성을 맡기시면서 명령을 직접 내리시기도 했지만, 이처럼 모세가 주변 인물들의 조언을 듣고 스스로 판단하여 추진할 수 있는 부분도 허용하십니다.

한 턱 쏘는 이드로

모세의 장인, 미디안 제사장 이드로가 하나님이 모세에게와 자기 백성 이스라엘에게 하신 일, 곧 여호와께서 이스라엘을 애굽에서 인도하여 내신 모든 일을 듣게 됩니다.

이드로, 그는 모세와 어떤 관계에 있는 사람입니까? 장인이지만 모세를 특별히 잘 아는 사람이기도 합니다. 거의 40년을 같이 살았기 때문입니다. 그리고 광야에 대해서도 모세보다도 더 잘 아는 사람입니다. 그렇기 때문에 하나님께서는 이 이드로의 협력을 통해 모세를 준비시키셨습니다. 모세가 지도자로 자리매김하는 데에 일조한 사람들을 기억해 봅시다. 우선 모세의 아버지 아므람과 모세의 어머니 요게벳을 빼놓을 수 없겠지요. 누나 미리암과 바로 공주도 중요한 사람들이지요. 여기에 장인 이드로도 잊을 수 없을 것 같습니다.

모세가 40년 광야 생활을 접고 애굽으로 다시 돌아갈 때 식구들을 데리고 가지 않았습니다. 아마 모세는 처음에는 식구들을 데리고 애굽으로 가려 했다가 자신의 사명의 중대성을 깨닫고 장인에게 돌려보내었던 것 같습니다. 그래서 바로와의 담판에서부터 시작하여 출애굽하여 홍해를 건너 다시 장인을 만나러 오기까지의 약 7-9개월 동안, 장인은 모세의 식구들을 맡아 주고 있었던 것 같습니다.

이제 모세가 이드로와 재회하면서 그간의 일들을 간증하고 있습니다.

> "모세가 여호와께서 이스라엘을 위하여 바로와 애굽 사람에게 행하신 모든
> 일과 길에서 그들이 당한 모든 고난과 여호와께서 그들을 구원하신 일을 다
> 그 장인에게 말하매"(8절)

모세의 간증의 내용의 주어는 '여호와'입니다. 하나님께서 그간 베푸신 은혜에 대해 소상히 이야기하고 있습니다. 하나님의 은혜로 무슨 일이 되어진 후에 친구나 친지들을 만나서는 자신이 이루어 놓은 일로 슬그머니 바꾸어 이야기하는 경우도 있을 터인데, 모세는 그리하지 않습니다. 이 이야기를 듣고 이드로가 하나님을 알아봅니다.

> "여호와를 찬송하리로다 너희를 애굽 사람의 손에서와 바로의 손에서 건져내
> 시고 백성을 애굽 사람의 손 아래에서 건지셨도다 이제 내가 알았도다 여호와
> 는 모든 신보다 크시므로 이스라엘에게 교만하게 행하는 그들을 이기셨도다"
> (10-11절)

'이제 내가 알았도다!' 이드로가 모세의 말을 듣고 하나님을 알게 됩니다. 이드로는 애굽에 가지 않았기 때문에 하나님께서 지난 몇 개월 동안 자신의 사위와 이스라엘 백성들에게 행하신 일을 보지도 알지도 못했습니다. 그러나 모세의 간증을 통하여 이를 알고 하나님 앞에 감사를 올리고 있는 것입니다.

모세로부터, 즉 사람으로부터 간증을 들은 이드로는 모세가 아닌 '하나님'께 번제물과 희생제물을 가져오고 있습니다. 하나님이 하신 일과 자신이 한 일을 분명히 구별하여 사람에게 전할 줄 아는 모세, 그리고 그 이야기를 듣고 사람에게 치사하기보다는 하나님께 감사를 올릴 줄 아는 이드로. 모두 멋진 사람들입니다. 아무튼 이드로는 하나님께 대한 감사의 표시로 한 턱 크게 쏘고 있습니다.

"모세의 장인 이드로가 번제물과 희생제물들을 하나님께 가져오매 아론과 이
스라엘 모든 장로가 와서 모세의 장인과 함께 하나님 앞에서 떡을 먹으니라"
(12절)

사람의 협력

이튿날에 모세가 백성을 재판하느라 앉았고, 백성은 아침부터 저녁까지
모세의 곁에 서 있습니다. 모세의 장인 이드로가 입을 열게 됩니다.

"네가 하는 것이 옳지 못하도다 너와 또 너와 함께 한 이 백성이 필경 기력이
쇠하리니 이 일이 네게 너무 중함이라 네가 혼자 할 수 없으리라"(17-18절)

지금 모세의 나이 80세입니다. 장인 이드로가 옆에서 모세가 일하는 것
을 보니 한심했던 모양입니다. 혼자 일을 다 하고 있다는 것이지요. 열심히
하지 않는 것은 아니었습니다. 그러나 많은 무리를 이끄는 모세가 모든 일
을 혼자 감당하고 있는 것이 어리석다는 것이지요. 그래서 협력할 방안을
내놓습니다.

이드로가 제안을 한 핵심 이유가 모세와 백성들을 지치지 않게 하자는
것입니다. 조직이라는 것은 어떤 면에서 효율성을 지향한다고 봐야 되겠습
니다. 이것은 절대적인 명령이라기보다는 진심 어린 충고이며 현명한 제안
이었습니다. 이드로의 제안은 계속됩니다.

"너는 또 온 백성 가운데서 능력 있는 사람들 곧 하나님을 두려워하며 진실하
며 불의한 이익을 미워하는 자를 살펴서 백성 위에 세워 천부장과 백부장과
오십부장과 십부장을 삼아 그들이 때를 따라 백성을 재판하게 하라 큰 일은

모두 네게 가져갈 것이요 작은 일은 모두 그들이 스스로 재판할 것이니 그리
하면 그들이 너와 함께 담당할 것인즉 일이 네게 쉬우리라"(21-22절)

이들을 세우라는 목적이 무엇입니까? 모세는 편히 쉬고 이들만 열심히 일하라는 이야기입니까? 결코 그렇지 않습니다. 한 사람이 일할 때보다 이들과의 협력이 풍성한 결과를 낳을 수 있기 때문입니다. 이스라엘을 거룩한 하나님의 백성으로 인도하는 일에 말입니다.

지금까지는 이스라엘 열두 지파의 장로들이 있을 뿐이었습니다. 이제 이드로의 충고에 따라 하부구조를 갖추게 됩니다. 즉 천부장, 백부장, 오십부장, 십부장의 4개 조직을 갖춥니다. 지금의 군대의 규모에 비유하자면 천은 연대, 백은 중대, 오십은 소대, 십은 분대 정도의 규모입니다. 하나님께서는 어떤 경우에는 아주 구체적인 것까지 지시하시는 분이십니다. 예를 들어 민수기에서 이스라엘 백성의 인구수를 셀 때에는 그 구체적인 방식까지 명령하십니다. 그러나 한편 하나님께서는 인간들이 자신들의 판단하에 자주적으로 결정하는 것도 허락하십니다. 그리하여 모세로 하여금 이드로의 조언을 듣게 함으로써 모세의 판단과 책임하에 실천적으로 조직 갖추는 일을 추진하도록 하십니다.

모세는 순종의 사람이기도 했지만 주위의 조언에 귀를 기울이고 이를 창조적으로 행하는 용단 있는 사람이기도 했던 것입니다. 이러한 계기를 통해 이스라엘의 공동체가 견고해지고 있습니다.

그리고 이드로의 이후의 행로도 주목할 필요가 있겠습니다.

"모세가 그의 장인을 보내니 그가 자기 땅으로 가니라"(27절)

조직을 갖추는 데에 아이디어를 제공한 이드로가 공동체에 남아 고문 정도의 자리에 앉을 만도 한데 모세는 장인을 돌려보냅니다. 보내는 사람이나 떠나는 사람이나 지혜롭고 멋있는 사람들입니다.

이스라엘의 기다림은 약속을 위한
하나님과의 파트너로서의 준비였습니다

사명을 망각한 채 돈을 벌려고 하고
정치인이 되려고 하고, 목사가 되려고 하는 것은
축복의 의미를 왜곡하는 것입니다.

출애굽한 후 약 3개월 만에 이스라엘 백성은 시내 산에 도착했습니다. 이후 시내 산에서 약 1년 정도를 머무르며 하나님과 계약을 맺습니다. 계약의 중심은 '제사장 나라'와 '거룩한 백성'입니다. 그 내용을 출애굽기 19장부터 레위기를 거쳐 민수기 10장에 이르기까지 모세를 통하여 전달하는데, 여기에는 백성들을 직접 만나고 싶어 하시는 하나님의 마음이 담겨 있습니다.

하나님께서 이스라엘 백성을 제사장 나라와 거룩한 백성이 되게 하시려고 하신다는 말씀에 장로들과 백성들이 일제히 "우리가 다 행하리이다."라고 응답하는 장면이 나옵니다. 이는 홍해 사건 이후 마라의 쓴 물 사건, 만나와 메추라기 사건, 반석에서 물이 나온 사건, 아말렉과의 싸움 등을 경험하면서 하나님이 어떤 분인가를 깨달은 결과일 것입니다. 이후 하나님께서는 시내 산에 강림하실 것이라고 말씀하십니다. 그리고 20장부터 이스라엘 백성들은 십계명을 비롯한 하나님의 율법을 받게 됩니다.

하나님은 아브라함 개인에게 약속을 하셨습니다. 그리고 출애굽 사건을 통하여 모세에게만 나타나셨습니다. 이제 이스라엘 백성들을 직접 만나시려는 장면이 펼쳐지고 있습니다.

축복과 사명

드디어, 이스라엘 자손이 애굽 땅에서 나온 지 3개월 만에 시내 광야에 이르게 됩니다. 그리고 이스라엘 백성들은 시내 산 앞 광야에 장막을 치게 됩니다. 그때에 하나님께서 모세를 시내 산으로 부르셔서 중대한 말씀을 하십니다.

> "너는 이같이 야곱의 집에 말하고 이스라엘 자손들에게 말하라 내가 애굽 사람에게 어떻게 행하였음과 내가 어떻게 독수리 날개로 너희를 업어 내게로 인도하였음을 너희가 보았느니라 세계가 다 내게 속하였나니 너희가 내 말을 잘 듣고 내 언약을 지키면 너희는 모든 민족 중에서 내 소유가 되겠고 너희가 내게 대하여 제사장 나라가 되며 거룩한 백성이 되리라 너는 이 말을 이스라엘 자손에게 전할지니라"(3-6절)

그렇습니다. 사실은 애굽에서 나올 때 전광석화(電光石火) 같이 나와 버렸습니다. 밤에 양 잡고 염소 잡고 서서 먹다가 정신없이 나온 것입니다. 아직 제식훈련도 받아 보지 못한 그들을 구름 기둥과 불 기둥을 동원하고 사륜마차가 뒤에서 쫓게 하고 정신없이 나와 있는 것입니다. 정말 독수리가 날개 치며 올라가는 것보다 더 신속하고 빠르게 이스라엘 백성들이 애굽에 있다가 광야에 와 있는 것입니다.

하나님께서 독수리의 날개로 굉장히 빨리 업어 인도하셨습니다. 독수리가 새끼를 업고 갈 적에는 어지간한 타조 따위나 날아다니는 새, 짐승의 공격을 받을 수 없습니다. 어미 독수리가 새끼를 업고 날아도 쏜살같이 올라가 버리고 쏜살같이 피해 버리니까 독수리를 새 중의 왕이라고 하는 것입니다. 바로 이스라엘 백성을 애굽에서 끌어낼 때, 독수리의 날개처럼 이끌어 왔다는 것입니다.

이 말씀을 들은 모세가 산에서 내려와 백성의 장로들에게 여호와께서 자기에게 명하신 대로 진술합니다. 그러자 백성의 장로들이 일제히 대답합니다.

"여호와의 명령하신 대로 우리가 다 행하리이다."

백성의 대답을 들은 모세는 다시 산에 올라가 여호와께 회보합니다.

"모세가 백성의 말을 여호와께 전하매"(8절)

이 말씀은 하나님과 이스라엘 백성 사이에서 모세의 역할이 무엇인지를 분명하게 보여 주고 있습니다. 그렇습니다. 회보자 모세를 보십시오. 하나님의 말씀을 듣고 나서 백성에게 전달해 주고, 백성의 말을 듣고 하나님께 말씀을 드리는 것이 전달자 혹은 회보자로서 모세의 역할이었습니다. 모세는 이처럼 회보자로서 하나님과 백성 사이의 관계를 가깝게 하는 일을 잘

해야 했습니다. 만일 모세가 이 일을 제대로 하지 않고 중앙에서 자신의 유익을 구해 하나님과 백성 사이가 멀어진다면 그것은 전적으로 모세의 책임인 것입니다.

인류 역사상 가장 위대한 중재자는 누구이겠습니까? 하나님과 인류의 중재를 위해 자신의 몸을 내던지셨던 분, 그는 예수 그리스도이십니다. 그리스도인으로서 참 잘해야 하는 것 중의 하나가 회보자로서의 역할입니다. 우리가 이 시대의 중재자로서 어떻게 해야 할까요?

출애굽 사건을 통하여 하나님과 백성 사이의 대언자, 중재자 역할을 하던 모세에게만 나타나셨던 하나님께서 이제 처음으로 이스라엘을 제사장 나라와 거룩한 백성이 되게 하기 위해 조건을 말씀하십니다.

하나님께서 모세를 통하여 말씀하셨지만, 이제는 백성들에게 준비를 요구하십니다. 그러다 드디어 하나님께서 강림하실 때 정작 백성들은 하나님 만나기를 두려워합니다. 그러자 하나님께서는 또다시 모세를 불러 그를 통하여 하나님의 계획을 전하십니다. 다시 말하면 백성들을 직접 만나고 싶어 하시는 하나님의 사랑의 마음을 백성들은 깨닫지 못하는 것 같습니다. 참 아쉬운 장면입니다.

어쨌든 거룩한 백성 됨과 제사장 나라 됨을 받아들이겠다고 이스라엘 백성들이 응답합니다. 이제 양쪽의 의사는 타진되었습니다. 우리 하나님이 오합지졸의 이들을 당신의 거룩한 백성으로 삼으시기 위하여 프로포즈를 하시는 것이지요. 정식관계를 원하시는 것이지요.

'셋째 날을 기다리라' 이것은 인생들을 지루하게 만들고자 하심이 아니요, 더 복 주시고자 하시는 것임을 기억해야 합니다. '기다려라', '준비하라'. 하나님이 강림하실 때를 준비하고 기다리라는 것입니다. 준비 그 자체에 의미가 있는 것은 아닙니다. 더 좋은 것을 주시겠다는 것이며, 그때를 기다리라는 것입니다.

이제 하나님께서 모세를 통하여 이스라엘 백성이 누릴 축복과 감당할 사명에 대해 선포하십니다.

> "세계가 다 내게 속하였나니 너희가 내 말을 잘 듣고 내 언약을 지키면 너희는 모든 민족 중에서 내 소유가 되겠고 너희가 내게 대하여 제사장 나라가 되며 거룩한 백성이 되리라 너는 이 말을 이스라엘 자손에게 전할지니라"(5-6절)

제사장 나라와 거룩한 백성이 된다는 것은 하나님 앞에서 누릴 수 있는 귀한 축복입니다. 그러나 여기엔 반드시 사명이 따라붙습니다. 그리고 "세계가 다 내게 속하였나니"라고 말씀하신 것을 통하여 다른 나라들과의 관계에서도 사명이 된다는 것을 알 수 있습니다.

복은 사명의 전제입니다. 사명을 망각한 채 복을 바라는 것은 성경 어디를 보아도 있을 수 없습니다. 사명을 망각한 채 돈을 벌려고 하고, 사명을 망각한 채 정치인이 되려고 하고, 사명을 망각한 채 목사가 되려고 하는 것, 즉 사명을 망각한 채 복만 받아 누리려는 것은 복의 의미를 왜곡하는 것입니다.

우리가 얼마나 복에 친숙하면서도 사명은 멀리하는지에 대해 다시 한 번 음미해 봅시다. 복은 마치 선물과 같아서 가만히 앉아서 주는 것을 받으면 됩니다. 복을 받는 이의 능동적인 행동이 필요 없지요. 하지만 자신에게 주어진 사명을 인식하고 이를 행동에 옮기는 것은 적극적인 태도를 요구합니다. 그러니 우리가 하나님께서 우리에게 주시는 복과 사명에 대해 수동적인 자세로 일관할 경우, 복은 받되 사명은 외면하는 어리석고 이기적인 결과를 낳는 것입니다.

복을 받은 것은 인정하면서도 사명은 왠지 부담스럽다고 하는 사람도 있을 것입니다. 또한 많은 이들은 자신이 복을 받은 사실조차 인정하지 않습니다. 그런 이들에게 "당신은 복을 받았다. 그러니 복을 받은 이유에 대해 생각해 보고 사명을 감당해라. 복만 받고 사명을 감당하지 않는 것은 복과 사명을 허락하신 하나님의 말씀에 귀 기울이지 않는 것이다."라고 말하기가 참으로 쉽지 않습니다.

복이란 것이 눈에 보이는 대단한 것도 아니고, 사명 또한 목숨을 거는 엄청난 일도 아니라는 것을 먼저 전제했으면 합니다. 한 번뿐인 인생을 살면서 따뜻한 햇살을 맛보고 계절이 바뀌는 아름다움을 감지할 수 있는 복을 누린다면, 인생이 그리 장밋빛처럼 즐거울 수만은 없습니다. 그런데 하나님의 사랑의 내음을 맡아 보게 하는 사명을 감당하는 것이 그렇게 부담스럽고 머리를 쥐어뜯으면서 고민해야 할 일일까요?

학교에서 보는 한낱 시험에서도 객관식, 주관식 등 여러 유형에 야무지게 대비하면서, 인생을 살며 으레 누구나 부딪치게 되는 여러 가지 고난과 고통에 대해서는 대비하지 않고 있다가 왜 자기 혼자에게만 닥치는 시련으로 생각하고 하나님께서 그동안 주신 복을 송두리째 잊어버리고 비틀거려야 할까요? 그리고 왜 그때부터 이웃과 하나님, 사명과는 담쌓고 살까요?

사명의 자리로의 초대

저는 주위의 많은 사람들이 고통으로부터 자신의 진가를 발견하고 고난을 감사의 조건으로 받아들여 멋지고 훌륭한 사람이 되는 것을 목격했습니다. 그리고 그 아름다운 성장은 고난이 없었다면 절대 있을 수 없었을 성장이었습니다. 그리고 저는 또 많은 사람들이 별 고통 없이 순탄한 삶을 사는 것에 대해 복이라는 것을 의식하지 못하여 그들이 마땅히 감당해야 할 사명을 망각하고 감사조차 하지 않으며 사는 것도 보았습니다. 그 정도의 복을 누리는 사람이라면 마땅히 해야 하고, 또 할 수 있는 사명들이 방치되고 있었습니다.

이 세상을 사는 방법은 가지가지입니다. 가뜩이나 자기표현의 시대이며 모두들 자기만의 방으로, 자기만의 사이버공간으로 들어가 개인주의적 사고가 팽배해 있는 시대이기도 합니다. 이제 누가 누구에게 어떤 가치관을 주장하거나 설득하는 것이 불필요하고 오히려 간섭처럼 느껴지는 시대가 된 것도 같습니다. 남한테 피해만 주지 않으면 됐지, 내 방식대로 사는데 누가 뭐라고 할 수 있느냐는 자신감들이 있는 것 같습니다. 하지만 자신의 옷매무새, 자신의 생활 방식에 대해 나름대로의 기준을 가지고 결정하고 사는 많은 젊은이들이 의외로 배우자, 직업, 미래에 대해 결정할 시점에 가서는 기준을 정하지 못하고 사소한 난관 앞에 힘없이 흔들리는 모습을 봅니다.

그 이유는 아마도 복과 사명에 대한 확신과 자신감이 없는 데서 찾을 수 있을 것 같습니다. 복은 받아 챙기고 싶은데, 거기에 따라오는 사명은 싫으니까 선택의 상황 앞에서 갈등하고 있는 것은 아닐까요? 그러나 자녀의 양육에 대한 책임과 사명이 부담스러운 사람에게는 자녀를 얻는 복조차 주어질 수 없는 것입니다. 사랑하는 사람의 허물과 아픔을 덮어 주고 감싸는 것이 부담스러운 사람에게는 사랑을 받는 복이 주어지기 힘든 법이지요.

오히려 사명을 전제한 복을 주십사고, 그래서 그 받은 복으로 인하여 기쁘게 사명을 감당하겠노라고 하나님께 도전하고 꿈을 가진 사람은 어디 없습니까? 하나님은 그러한 꿈이 있는 사람을 찾고 계시고, 그러한 비전이 있는 사람에게 복과 사명을 주셔서 하나님의 놀라운 계획을 이루어 가십니다.

뜻하지 않게 찾아온 복 앞에 흥분하지 않는 사람, 갑자기 닥쳐온 고난 앞에 허둥대지 않는 사람, 무슨 일이 생기든 낮고 잔잔한 웃음으로 하나님께서 자신의 인생 길 앞에 예비해 놓으신 그 작고 큰 복과 사명 앞에 기대하고 순종하는 사람. 이런 사람은 복 앞에서 교만하지 않습니다. 맡겨질 사명을 생각하기 때문이지요. 사명을 외면하거나 부담스러워하지 않습니다. 받아 누리는 복에 감사하기 때문이지요. 이런 사람이 정말 되고 싶습니다.

하나님은 그동안 이스라엘 백성들에게 베푸셨던 은혜를 상기시키시면서 앞으로 있을 복과 사명의 자리로 그들을 초대하고 계십니다.

하나님의 요구는 인간의 인간 됨입니다

> 나의 삶을 풍성하게 했던 많은 이들에게
> '나를 이러저러하게 만들어 주신 분'이라고
> 칭할 수 있어야 할 것입니다.

출애굽기 20장은 성경 전체의 숲에서 볼 때, 하나님께서 인간에게 요구하시는 것이 무엇인지, 즉 하나님의 핵심 요구 사항을 보여 주고 있습니다. 그 내용이 십계명에 담겨 있고, 십계명은 하나님 사랑과 이웃 사랑으로 요약될 수 있습니다. 이는 거룩한 백성이 되기 위한 것이며, 더 나아가 인간이 인간으로서 지켜야 할 가장 본질적인 내용인 것입니다. 출애굽기 20장 이후는 하나님이 이스라엘 백성에게 요구하신 십계명을 설명하는 것입니다. 이 요구 사항은 향후 이스라엘이 거룩한 백성, 제사장 나라가 되는 데 있어서 중요한 기준이 됩니다.

인간이 인간 됨의 본질은 하나님을 사랑하고 이웃을 사랑하는 것입니다. 하나님의 이 요구 사항을 말해 주는 출애굽기 20장은 성경 전체의 숲에서 조망되어져야 할 것입니다. 신약에서는 이 하나님 사랑과 이웃 사랑의 내용을 예수님께서 말씀하십니다. 십계명은 딱딱한 법전이 아니라 인간이 가장 인간답다고 여겨질 때의 모형을 보여 주는 도구입니다.

한 가지로는 안 된다

하나님 사랑과 이웃 사랑. 이것은 우리가 살아가는 동안의 삶의 지상 목표라 생각됩니다. 어떤 이들은 교회가 하나님께 예배드리고 말씀 듣고 찬송하는 곳이어야지 불우이웃 돕는 자선단체냐고 하기도 하고, 또 어떤 이들은 이웃을 돌보지 않고 드리는 예배, 찬양이 무슨 의미가 있냐고 하기도 합니다. 하나님 사랑과 이웃 사랑의 어느 한쪽에 치우친 이러한 생각들은 타당하지 않다고 생각합니다.

하나님 사랑과 이웃 사랑 모두 우리가 살아가며 추구해야 할 최대의 가치입니다.

십계명은 모든 율법의 기초입니다. 가장 근본이 되는 법이지요. 여기에 근거를 두고 나머지 사회법, 규례들이 파생되어 나옵니다. 율법은 크게 도덕법, 민법, 예식법으로 나눌 수 있습니다. 도덕법은 십계명입니다. 민법은 주로 언약서에 담겨 있고 일상생활 속에서 어떻게 정결하게 살아야 하는지를 말해 줍니다. 예식법은 제사장, 제사, 종교적인 일들에 대한 내용을 담고 있습니다.

율법에는 '하라' 는 명령이 248가지, '하지 말라' 는 명령이 365가지 있습니다. 이들 율법 중 제사에 관한 내용은 지루하게 느껴질 수도 있습니다. 그러나 그 당시 정결 예식에는 백성들이 하나님의 성품을 닮아갈 수 있도록 하시고자 하는 의도가 담겨 있었을 것입니다. 그리고 일상생활을 규율하는 여러 가지 내용을 접하면서 하나님께서 사람 사는 사회에 지대한 관심을 가지고 계시는 것을 알 수 있습니다. 부모와의 관계, 친구와의 관계, 물질과의 관계 등에서 올바른 규율을 따를 것을 부탁하고 계십니다. 이것이 율법의 내용입니다.

귓전에 직접 하신 말씀

이스라엘 백성들이 삼 일간의 준비기간을 거쳐서 시내 산 중턱에서 여호와 하나님의 음성을 직접 듣는 순간입니다. 하늘 문을 여시고 이스라엘 백성의 귓전에 대고 하나님께서 말씀하고 계시는 것입니다. 상상해 보십시오. 이 놀라운 장관을 말입니다.

> "나는 너를 애굽 땅, 종 되었던 집에서 인도하여 낸 네 하나님 여호와니라 너는 나 외에는 다른 신들을 네게 두지 말라 너를 위하여 새긴 우상을 만들지 말고 또 위로 하늘에 있는 것이나 아래로 땅에 있는 것이나 땅 아래 물 속에 있는 것의 어떤 형상도 만들지 말며"(2-4절)

불과 약 9개월 전, 이스라엘 백성들이 애굽 땅에 머물 때에 하나님께서 모세를 통하여 당신을 소개하실 때에는 '아브라함의 하나님, 이삭의 하나님, 야곱의 하나님' 이라고 소개를 하셨더랬습니다. 즉 그때까지 이스라엘 백성들에게 있어서 하나님이란, 조상들이 경험했던 하나님이었습니다. 이제 십계명을 선포하시는 시점에 하나님은 당신을 "애굽 땅, 종 되었던 집에서 인도하여 낸 네 하나님 여호와"라고 알리고 계십니다. 즉 출애굽의 하나님이라고 하십니다. 이스라엘 백성들이 자신들을 출애굽시켜 주신 분으로 하나님을 기억하길 원하고 계시는 것입니다.

부모님을 생각하면서 내게 삶의 기회를 주신 분이라고 말할 수 있고, 초등학교 담임선생님을 기억하면서 내게 공부에 재미를 붙이게 해 주신 분이라고 다른 사람에게 소개할 수 있다면 그는 멋진 사람일 것입니다. 우리는 기억해야 할 많은 감사의 제목과 주제들에 대해 무감각할 때가 많으니까요.

나의 삶을 풍성하게 했던 많은 이들에게 '나를 이러저러하게 만들어 주신 분'이라고 칭할 수 있어야 할 것입니다. 그리고 우리의 삶 자체를 책임져 주시는 하나님께 '나를 오늘날 나 되게 만들어 주신 분'이라고 말할 수 있어야 할 것입니다. 하나님은 바로 그 말을 듣고 싶어 하십니다.

좀 더 가까이 다가서서

뭇 백성이 우레와 번개와 나팔 소리와 산의 연기를 보게 됩니다(18절). 그들이 볼 때에 떨며 멀리 서서 모세에게 급하게 당부합니다.

> "당신이 우리에게 말씀하소서 우리가 들으리이다 하나님이 우리에게 말씀하시지 말게 하소서 우리가 죽을까 하나이다"(19절)

예수님께서 왜 적어도 마리아의 몸을 통하여 마굿간에 평범하게 오셔야 하였는지에 대해서 여러모로 생각해 볼 수 있겠습니다만, 이 부분도 그 이유 중 하나를 제공하는 대목이 아닌가 생각됩니다.

예수님이 천둥 번개가 치는 가운데 바람과 비를 모고 내려오셨으면 사람들이 어떻게 반응했을까요? 허름한 모습을 했음에도 권세 있는 설교를 했던 세례 요한에게 가서 굽신거렸던 그들입니다. 세례 요한의 서슬 시퍼런 호령에 민중들이 모두 모여 '주여' 하며 따랐었습니다. 그러니 예수님이 권세 있는 모습까지 갖추어 오셨다면 십자가에 못 박히기보다는 왕으로 모셨을 것입니다. '그래, 예수님은 마굿간에 오셨어야만 했겠구나.' 라는 생각이 듭니다.

하나님은 그 위엄만으로도 우리가 두려워 떨 수밖에 없는 분이십니다. 이스라엘 백성들이 얼마나 겁이 났으면 제발 직접 말씀하지 마시고 모세를 통하여 말씀해 달라고 사정을 하고 있을까요? 재앙을 주시는 것도 아니고 호령을 하시는 것도 아니고 십계명을 말씀하시는 것인데도 무서워서 직접 못 듣겠다는 것입니다.

아마 하나님의 처음 계획은 이스라엘 백성들의 귓전에 친히 율법의 한 구절 한 구절을 들려주시려는 것이었을지도 모릅니다. 그러나 이제 모세가 하나님 앞에 나아가 하나님의 말씀을 듣습니다.

간격 좁히기

모세가 백성에게 간절히 당부합니다.

> "두려워하지 말라 하나님이 임하심은 너희를 시험하고 너희로 경외하여 범죄하지 않게 하려 하심이니라"(20절)

모세가 하나님과 이스라엘 백성 중간에서 간격을 좁히려고 애쓰고 있습니다.

주의 종들이란 무엇을 하는 사람들입니까? 하나님과 평신도들의 사이를 좁혀 놓는 일을 하는 사람들입니다. 모세가 혹 "하나님은 두려운 분이야. 나는 그분하고 가까운 사이야. 그러니 너희들은 나하고 같은 급에 있을 수 없어. 내 말 잘 들어."하며 자신의 위치를 이용했다면 어떠했겠습니까? 조금 더 가졌다는 이유로, 조금 더 안다는 이유로, 조금 더 힘 있다는 이유로 우리는 하나님께 가까이하려는 자들과 하나님 사이에서 오히려 방해자 역할을 하고 있지는 않습니까?

모세는 중간에서 하나님을 두려워할 대상이 아니라 가까이해야 할 대상으로 알리고 있습니다. 모세의 '두려워 말라' 라는 말을 통해 모세가 쓸데없이 카리스마를 조작하거나 하나님의 다음 자리에 앉아서 백성들을 좌지우지하지 않았다는 것을 알 수 있습니다. 그런 면에서 모세는 반할 만한 사람입니다. 어떻게 하면 모세와 같은 리더십을 가질 수 있을까 고민할 수 있어야 하겠습니다. 겸손한 지도자로서 모세의 모습은 오늘을 사는 우리에게 던져지는 도전입니다.

백성은 멀리 서 있고 모세는 하나님이 계신 흑암으로 가까이 갑니다.

율법을 듣고 중재하기 위해서입니다.

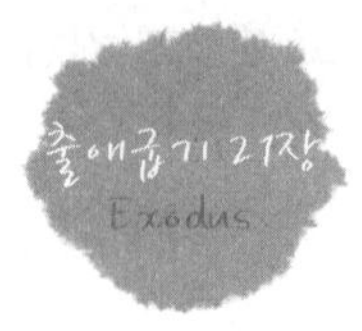

생명 존중과 약자 보호,
바로 이 사상이 이스라엘 공동체가
궁극적으로 지향해야 할 내용입니다

맞아서 죽을 정도의 약자, 팔릴 수밖에 없는 약자,
임신한 여인, 힘센 소에게 받힌 사람, 그 소와 일하는 일꾼 등
하나님께서 열거하시는 약자들은 너무나 구체적이고 세밀합니다.

출애굽기 20장이 하나님과의 관계, 사람과의 관계에서 지켜 나가야 할 큰 틀에서의 숲이라면 출애굽기 21장은 그와 관련된 나무들로 볼 수 있습니다. 하나님은 십계명을 통해 인간이 인간답게 되기 위한 큰 틀을 보여 주셨는데 이를 축약하면 하나님 사랑과 이웃 사랑이었습니다.

십계명 중 1계명부터 4계명까지는 하나님의 성호에 관련된 규례입니다. 5계명부터의 내용인 이웃 사랑이 21장에서부터는 마치 시행세칙과 같이 자세히 설명되고 있습니다. 남종이나 여종, 사형에 해당하는 죄, 손해배상

등의 구체적인 내용이 나오고 있습니다.

이웃 사랑의 핵심은 생명 존중과 약자 보호라고 요약될 수 있겠습니다.

이스라엘 백성들은 400여 년의 노예 생활 동안에는 지켜야 할 것을 지키는 데에 별 어려움이 없었을 것입니다. 시키는 것만 하면 되었을 것이기 때문입니다. 그러나 이제는 하나의 민족 단위로서 애굽에서는 경험하지 못했던 일들이 앞에 놓여 있습니다. 그래서 재산 소유, 소유자의 책임 등 세심한 부분까지 그 규율 내용을 정해 놓으십니다.

이웃 사랑은 이렇게

이웃 사랑이란 것이 구체적으로 무엇이겠습니까? 우선 타인에 대한 생명을 존중하는 것입니다. 또한 약자를 보호하는 것이겠습니다.

> "사람이 서로 싸우다가 임신한 여인을 쳐서 낙태하게 하였으나 다른 해가 없으면 그 남편의 청구대로 반드시 벌금을 내되 재판장의 판결을 따라 낼 것이니라 그러나 다른 해가 있으면 갚되 생명은 생명으로, 눈은 눈으로, 이는 이로, 손은 손으로, 발은 발로, 덴 것은 덴 것으로, 상하게 한 것은 상함으로, 때린 것은 때림으로 갚을지니라"(22-25절)

생명과 약자를 동시에 상징하는 임산부를 보호하라는 말씀은 이웃 사랑의 대표적 내용이라 하겠습니다. 이 부분에서 동형보복의 원리를 최우선의 말씀으로 찾는다거나 하는 것은 하나님께서 율법 전체를 통하여 우리에게 알리시려는 최고의 가치를 간과한 것이 아닌가 생각됩니다. 더 들어 보십시오.

> "네가 히브리 종을 사면 그는 여섯 해 동안 섬길 것이요 일곱째 해에는 몸값을

하나님께서 말씀하시는 이웃에는 임산부는 물론이요 종까지 포함됩니다. 약자라는 입장에서 당연한 것이지요. 그리고 이스라엘 백성에게 있어서 종이란 것은 각별한 의미를 갖습니다. 지난 400여 년간 이스라엘 백성들의 위치가 종이었으니까요. 그러니 이제 노예에 대한 율법을 지키게 된 마당에 애굽에서 종 되었던 때를 기억하며 더욱 조심히 지켜야 했을 것입니다. 자신들이야 다른 민족들한테 민족 단위로 설움을 받은 것이었지만 '히브리 종'을 샀다는 것은 같은 민족 간에 노예와 주인으로 나뉘었다는 것이지요. 그러므로 더욱 세심히 노예를 배려하는 법도를 따라야 했을 것입니다.

많은 사람들, 특히 하나님을 오해하는 사람들이 하나님은 '십일조 내라', '안식일 지켜라' 라고만 하시는 분으로 생각하는 경향이 있는데, 하나님은 하나님과 사람과의 관계뿐만 아니라 사람과 사람 사이의 관계에도 지대한 관심을 가지고 계시다는 사실을 기억해야 할 것입니다. 맞아서 죽을 정도의 약자, 팔릴 수밖에 없는 약자, 임신한 여인, 힘센 소에게 받힌 사람, 그 소와 일하는 일꾼 등 하나님께서 열거하시는 약자들은 너무나 구체적이고 세밀합니다. 생명 존중과 약자 보호, 바로 이 사상이 이스라엘 공동체가 궁극적으로 지향해야 할 내용입니다.

하나님의 공의

이미 살펴본 2절의 후반부를 다시 봅니다.

종에 대한 배려를 언급하시는 가운데 안식년에 대한 사상이 조금 나타
납니다. 일정 기간이 지나면 종을 자유케 하시는 하나님의 공의를 만날 수
있습니다. 하나님의 이웃 사랑에 대한 끊임없는 관심으로부터 하나님의 공
의의 내용이 어떠한 것인지 짐작할 수 있는 것이지요.

하나님의 공의의 내용은 사람의 행위의 결과에서뿐만 아니라 그 동기와
원인도 함께 고려하시는 데서도 찾아볼 수 있습니다.

죽일 의도 없이, 즉 과실로 사람을 죽인 행위와 고의로 사람을 죽인 행
위를 분명히 구별하고 계십니다. 결과만 가지고 책임을 물으시는 것이 아
닙니다.

지금이야 세계 대부분의 나라의 실정법이 과실치사죄와 살인죄, 또는
의도 없는 살인과 일급 살인, 이렇게 양자를 분명히 구별합니다만, 당시 관
습과 전통에 의존하던 사회에서 이렇게 내심의 동기를 함께 고려하는 하나
님의 율법은 탁월한 형법전인 것입니다.

마틴 루터 킹 주니어 목사가 '나는 꿈을 가졌노라(I have a dream)' 라
고 외치면서 아모스 5장 24절의 말씀을 인용한 이유를 생각해 봅시다.

오직 정의를 물 같이, 공의를 마르지 않는 강 같이 흐르게 할지어다
No, no, we are not satisfied, and we will not be satisfied until
justice rolls down like waters and righteousness like amighty stream.

-Martin Luther King, Jr.

　자유와 기회의 나라에서 단지 피부색만으로 판단하고 피부색이 다르다
는 이유로 차별하는 것이 하나님 보시기에 얼마나 부당한지 역설했던 까닭
은 그것이 하나님의 공의의 구체적 내용인 출애굽기 21장과 아모스서의
내용에 정면으로 위배되기 때문이 아니었겠습니까? 오늘날 우리에게 또
얼마나 많은 부당한 일들이 부지불식간에 행해지고, 또 우리 스스로 행하
고 있는지 생각해 보아야 할 것입니다.

진정한 거룩이란
고립된 섬에서 외치는 혼자만의 거룩이 아니라
이웃과 나누는 생활 속에서의 거룩입니다

*이웃과의 관계성 속에서
사소한 것부터 배려하는 것을
거룩이라고 하셨다는 점에 주목합시다.*

출애굽기 21장과 22장은 출애굽기 20장의 십계명 중에서 이웃과 관련된 말씀을 풀어서 설명하고 있습니다. 특히 이 장은 7계명과 8계명의 내용, 곧 간음하지 말라, 도적질하지 말라는 내용을 중심으로 이야기하고 있습니다. 그리고 그 내용의 핵심은 거룩입니다(31절).

이웃과의 관계에서 소 한 마리를 도둑질하면 소 다섯 마리를 갚아야 된다는 것과 같이 실제적인 사례를 들어 하나님 앞에서 거룩할 것을 요구하십니다. 특히 고아와 과부, 이방 나그네로 지칭되는 약한 자들을 감싸시는 하나님의 사랑을 볼 수 있습니다.

성경 전체의 숲에서 본다면, 약한 이웃에 대한 하나님의 관심과 배려는 이후 이 땅에 오신 예수 그리스도의 모습에서 극명하게 나타납니다.

소중한 것을 서로 지켜 주기

훔친 것에 대해 그냥 몇 배로 갚으라고 하시지 않고 왜 소와 양의 경우를 각각 나누어 규정하셨을까요? 아마 그것은 남에게 소중한 것일수록 더 탐내지 말라는 뜻일 것 같습니다.

> "사람이 소나 양을 도둑질하여 잡거나 팔면 그는 소 한 마리에 소 다섯 마리로 갚고 양 한 마리에 양 네 마리로 갚을지니라"(1절)

도둑맞은 사람에게 손해가 덜 가도록, 보다 소중한 것을 잃어버리지 않도록 하기 위한 규정입니다.

> "도둑이 뚫고 들어오는 것을 보고 그를 쳐죽이면 피 흘린 죄가 없으나 해 돋은 후에는 피 흘린 죄가 있으리라 도둑은 반드시 배상할 것이나 배상할 것이 없으면 그 몸을 팔아 그 도둑질한 것을 배상할 것이요"(2-3절)

도둑질을 하는 사람의 생명이라고 귀하지 않은 것이 아니지요. 단 도둑질을 당하는 피해자의 통상적인 방어 행위와 도둑의 생명을 비교 형량하여 어두울 때와 밝을 때를 나누어 규율하고 계십니다. 이로써 도둑이든, 도둑질당하는 사람이든, 소중한 생명을 서로 지켜 주기를 바라신 것이죠.

우리나라 형법에도 이러한 정신에 근거를 둔 규정을 볼 수 있습니다. 성경이 정당방위에 대한 기본 원리를 제공하고 있다는 것을 증명해 주는 이 구절은 참으로 귀한 말씀입니다.

법을 넘어서는 것

하나님께서는 이러한 공정한 율법을 두시면서도 우리에게 그 이상의 것을 요구하고 계십니다. 법보다 훨씬 소중한 것을 말이죠.

> "네가 만일 너와 함께 한 내 백성 중에서 가난한 자에게 돈을 꾸어 주면 너는 그에게 채권자 같이 하지 말며 이자를 받지 말 것이며 네가 만일 이웃의 옷을 전당 잡거든 해가 지기 전에 그에게 돌려보내라 그것이 유일한 옷이라 그것이 그의 알몸을 가릴 옷인즉 그가 무엇을 입고 자겠느냐 그가 내게 부르짖으면 내가 들으리니 나는 자비로운 자임이니라"(25-27절)

자비라는 것이 무엇일까요? 자비란 '장사한다'라는 말과는 다릅니다. 장사를 크게 넓게 베푼다고 하지는 않습니다. 자비는 자기 것을 주는 것, 받을 자격이 없는 사람에게 주는 것을 말합니다.

법대로 보면, 전당 잡혔다는 얘기는 돈을 갚고 나중에 그것을 다시 되찾아 가겠다는 것입니다. 그렇다면 통상 전당 잡힌 물건의 가치보다 적은 돈을 빌려 간다고 했을 때, 옷을 전당 잡히는 사람은 그 신세가 참 어려운 사람일 것입니다. 사실 전당 잡힌 사람만큼 다급한 사람들이 없는 것입니다. 이제 전당 잡힐 것이 없어서 자기가 입고 있던 옷을 전당 잡히는 것입니다. 옷을 전당 잡혀야만 하는 사람의 형편을 보아 그에게 옷을 돌려주는 것이 자비입니다. 그것을 돌려주어야 한다는 것, 법적으로 한다면 안 돌려줘도 되지만, 자비, 관용, 용서라는 측면에서 법을 넘어서는 것입니다.

제도적으로 편안한 삶을 위한 조건을 갖추어 놓고 법의 정당성을 운운하며 자비를 베풀지 않는 것은 하나님이 생각하시는 사회가 아닙니다. 하나님은 오늘도 우리에게 법을 넘어서는 자비를 요구하십니다.

법이란 것이 사람이 살아가면서 직면하는 여러 가지 문제들, 특히 사람과 사람 사이에서 지켜져야 할 약속들과 약속을 어겼을 때 할 수 있는 조치들에 합리적으로 규율해 놓은 것임은 분명합니다. 그러나 그러한 법으로만은 해결되지 않는 일들이 이 사회에는 너무 많습니다. 또한 법을 기계적으로 적용할 경우, 구체적인 경우에 부당한 결과가 발생할 수 있습니다. 관습이나 연고 등 비합리적인 근거에 의해 사람 사이의 일을 처리하는 것도 문제가 있지만, 현대사회에서 법이 규율하는 영역이 점점 넓어지면서, 우리가 법 이전에 그리고 법을 넘어서서 베풀고 고려해야 하는 것들, 자비나 배려 등이 차지하는 영역이 점점 줄어드는 것도 문제라 하겠습니다. 그래서 하나님은 법을 넘어서는 것, 법 이전에 존재하는 것, 그리고 법보다 훨씬 귀한 것에 대해 설명하고 요구하고 계십니다.

돈을 꾸어 준 사람이 돈을 꾼 사람으로부터 일정한 이율을 따라 이자를 받는 것이 법대로 하는 것이지요. 그리고 저당을 잡힌 것이 있다면 꾸어 준 돈을 갚을 때까지는 돌려 달라고 할 수 없는 것이 법이지요. 그러나 하나님께서는 채무자의 형편과 사정을 살피어서 돈을 꾸어 준 사람에게 자비와 배려를 요구하고 계십니다. 그리고 그 어려운 처지에 놓인 자의 부르짖음을 들으시는 자비의 하나님이심을 강조하고 계십니다.

하나님의 말씀 중 은혜가 되지 않는 말씀이 어디 있겠습니까마는 이 구절은 참으로 위로와 감사의 말씀인 것 같습니다. 법을 이용해 자신의 이득을 취하고 법률 자문까지 받아 가면서 자신의 변칙적인 재산 축적 방법을 합리화하는 사람들이 떳떳이 사는 세상에 삽니다. 어떻게 저런 일까지 법이 허용할까 싶을 정도로 답답할 때가 있습니다. 그러나 하나님께서는 법이 다 보호하지 못하고 있는 질고 어두운 자리에 대해 법이 지켜 주기 전에 우리 스스로 지켜 주라고, 자비를 베풀고 배려를 아끼지 말라고 권고하십니다.

정말 가슴이 벅차오르는 기쁜 말씀이 아닐 수 없는 것입니다. 우리가 그 자비를 베풀 수 있는 자리에 있는 것도 감사하고, 그러한 배려를 받을 수 있는 자리에 있는 것도 감사합니다.

진정한 거룩이란

"너희는 내게 거룩한 사람이 될지니 들에서 짐승에게 찢긴 동물의 고기를 먹지 말고 그것을 개에게 던질지니라"(31절)

하나님께서 거룩한 사람이 되라고 하면서 하신 말씀의 내용들이 지금까지 어떠한 것이었나요? 소를 가진 주인이 소의 성질을 알면서도 친구의 무 밭 옆에 그냥 두어서 소가 무를 뽑아 먹게 하거나, 들이받는 버릇이 있는 줄 알면서도 어린아이가 놀고 있는데 소 말뚝을 슬며시 박아 놓는 것이 거룩하지 못한 행동이라고 하십니다. 이웃과의 관계성 속에서 사소한 것부터 배려하는 것을 거룩이라고 하셨다는 점에 주목합시다.

보통 거룩하게 되기를 원하면서도 그 거룩이라는 것이 무슨 종교적인 용어인 것으로 생각합니다. 투시의 은사를 받거나 삼층천에 갔다 오는 것, 종교적인 특정 의복을 입는 것이 거룩에 가까운 것이라고 착각하는 경우가 있습니다. 하지만 이웃과의 관계에서 세심한 배려를 잊은 채, 말로만 거룩, 거룩, 하는 것은 잘못된 것입니다.

하나님께서는 재산과 관련된 문제들의 사례를 직접 들어서 기준을 말씀하시고, 공동체의 존립을 위협하는 경우들에 대해 단호히 대처할 것과 약자들에 대해 자비를 베풀 것을 말씀하십니다. 거룩은 이렇게 구체적인 것들입니다.

그리고 이러한 구체적인 거룩의 내용을 몸소 실천하신 것이 신약에서의 예수님의 행적이 아니겠습니까? 가장 거룩하신 분, 예수님께서 작은 일에 충성하고 모범을 보이셨는데, 우리가 어떻게 실천 없이 거룩을 말할 수 있을까요? 과연 치유의 은사나 방언의 은사를 못 받았다고 고민할 필요가 있을까요?

오히려 가까운 이웃에게조차 배려의 손길을 뻗치지 못하는 자신의 모습을 돌아보고 이제부터라도 사소한 것부터 실천하는 것이 훨씬 중요할 것입니다. 치유의 은사나 투시의 은사를 받고 그것을 무기 삼아 다른 사람을 판단하고 정죄하는 죄를 범하는 것보다는 그런 은사를 받지 않고 이웃에게 따뜻한 시선을 보낼 줄 아는 것이 더 복된 일입니다.

진정한 거룩이란 고립된 섬에서 외치는 혼자만의 거룩이 아니라 이웃과 나누는 생활 속에서의 거룩입니다.

나그네 설움을 기억하는 사회가
하나님이 말씀하시는 '괜찮은 사회' 입니다

*교회가 사회 속에서
건강하고 창조적인 일들을 실천해 내기 위해서는
교회 밖에 대한 끊임없는 관심이 있어야 할 것입니다.*

이 장은 출애굽기 21장, 22장과 마찬가지로 출애굽기 20장의 연장 선상에 놓여 있습니다. 이 장은 십계명 중 4계명과 9계명을 구체화한 것인데, 그 중심은 강자가 약자를 보호하고 배려하라는 것입니다. 이는 하나님이 인간의 일상사에서 적용될 생활 규범을 통하여 이스라엘 공동체 내에서의 공평과 공의와 사랑을 말씀하신 것입니다.

거룩한 백성들의 공동체, 즉 하나님이 요구하시는 건강한 공동체는 이웃에게 피해를 주지 않으며 모함하지 않는 소극적 차원을 넘어서서 상호 존중의 적극적 차원의 정의를 이루는 공동체임을 알 수 있습니다. 또한 일 년에 세 차례의 절기(무교절, 맥추절, 수장절)을 지키게 함으로써 이스라엘 전체를 신앙공동체로 보존하시려는 하나님의 의지가 엿보이는 장이기도 합니다.

이런 사회를 꿈꿔 보는 것

십계명과 관련하여, 22장에 이어서 인간의 일상사에서 일어날 수 있는 생활 규범을 제안하시면서 공동체 내에서의 '공평과 공의와 사랑'을 표현하십니다.

한 공동체의 수준을 결정지을 수 있는 조건은 여러 가지가 있겠습니다. 여러 경제 지표로 경제적 수준을 가늠할 수 있겠고, 문화시설의 구비 정도로 문화 수준을 가늠할 수도 있겠습니다. 그렇다면 하나님께서 말씀하시는 '괜찮은 사회'는 어떤 곳일까요?

> "네가 만일 네 원수의 길 잃은 소나 나귀를 보거든 반드시 그 사람에게로 돌릴 지며 네가 만일 너를 미워하는 자의 나귀가 짐을 싣고 엎드러짐을 보거든 그 것을 버려두지 말고 그것을 도와 그 짐을 부릴지니라"(4-5절)

하나님께서 생각하시는 건강한 사회는 길을 가다가 원수의 소나 나귀가 길을 잃은 것을 보았을 때 그 사람에게 돌려주는 사회, 미워하는 자의 나귀가 무거운 짐을 싣고 가다가 넘어졌을 때 그냥 지나치지 않고 일으켜 세워주는 사회입니다.

하나님이 요구하시는 거룩함이란 바로 이런 것을 두고 하는 말입니다.

그리스도인 한 사람, 한 사람이 우리 사회를 거룩함의 수준까지 높이는 데 좋은 촉매제가 되기 위해 노력해야 합니다.

오늘날 크리스천들의 저력은 상당합니다. 25%의 복음화에서 정체되었다고 갑론을박이 많은 줄 압니다만, 그래도 25%는 사회를 움직이기에 충분하고, 또 넘치는 수입니다. 그러나 그 25%의 크리스천이 나머지 75%를 향하여 나아가기보다는 25%끼리 모여 집안 잔치만 하고 있지는 않습니까? 교회의 덩치를 키우는 것이 급선무인 줄 알고 있지는 않습니까? 전 교인이 합심하여 하는 기도의 제목이라는 것이 교회 성전 확장하는 일이거나 이미 하나님을 알고 있는 사람들을 대상으로 한 프로그램의 진행을 위한 것은 아닙니까? 내가 속한 공동체에 대한 애정과 관심 없이 교회 울타리 안을 자신이 살고 있는 세상의 전부로 알고 있지는 않습니까? 혹 교회 안에 있는 특별히 약한 자를 돕는다는 프로그램 진행이 받는 자의 입장을 고려하지 않은 섬김은 아니었습니까?

하나님께서 기대하시는 건강한 사회를 만들기 위해서 고민하며 실천해야 할 일이 우리 주위에는 너무나 많습니다. 교회가 사회 속에서 건강하고 창조적인 일들을 실현해 내는 기폭제 역할을 하기 위해서는 교회의 성장도 중요하지만 그와 함께 교회 밖에 대한 끊임없는 관심이 병행되어야 할 것입니다.

나그네 시절의 기억으로

하나님께서는 우리의 기억이 얼마나 한계가 있는지 아시나 봅니다. 그리고 특히 과거의 어려웠던 시절을 얼마나 빨리 잊는지, 그래서 과거의 자신과 같은 모습을 한 사람들의 처지를 얼마나 외면하며 사는지 알고 계시는 것 같습니다.

하나님께서는 이스라엘 백성들이 지난날 노예로 지냈던 시절을 기억하기 원하십니다. 과거의 아픈 상처로 기억하기보다는 비슷한 처지에 놓여 있는 다른 이들을 압제하지 않기 위한 도구로 기억하기 원하십니다.

사실 눈물 젖은 빵을 먹어 본 사람이 다른 사람의 배고픔을 안다고 합니다만, 요즈음은 아픈 과거에서 벗어나 어느 정도 생활이 여유로워지면 지난날의 악몽을 빨리 잊으려고 합니다. 그리고 힘들었던 시간들을 생각나게 하는 사람들을 피하고 현재 자신의 위치와 비슷한 수준의 사람들과만 사귀려고 하는 경향이 있습니다. 구질구질한 과거로부터 탈출하고 싶다는 심리 때문일 것입니다. 하지만 그런 삶이 좀 깔끔하고 산뜻해 보일는지는 몰라도, 글쎄요, 하나님께서 원하시는 삶의 내용은 아닌 것 같습니다.

더 들어 보십시오.

종을 다루는 규례부터, 땅을 경작하고 쉬게 하는 방식까지 끊임없이 말씀하고 계십니다. 그리고 그 안에는 나의 쉼의 의미뿐만 아니라 현재 인식하지 못하고 있는 이웃들과 동물들에 대한 배려의 의미까지도 포함됩니다.

보호와 인도의 전제

"네가 그의 목소리를 잘 청종하고 내 모든 말대로 행하면 내가 네 원수에게 원수가 되고 네 대적에게 대적이 될지라"(22절)

우리는 이 말씀을 통째로 이해해야 할 것입니다. 앞부분의 "네가 그의 목소리를 잘 청종하고 내 모든 말대로 행하면" 부분을 기억하지 않고 단순히 뒷부분의 말씀만을 가지고 누구의 원수가 되어 주시고, 누구의 대적이 되어 달라고 해서는 안 될 것입니다. 이는 하나님을 자기 가정의 우상신 정도로만 생각하는 행동인 것입니다. 하나님을 정화수 한 그릇이나 산신령 정도로 생각하는 것이지요. 하나님의 목소리를 청종하고 하나님의 모든 규례를 행하겠다는 다짐 없이 물질적 축복이나 조금 얻어 볼 목적이라면, 그렇게 해서 얻은 재물이나 명예를 가난한 이웃과 하나님의 공동체의 정의를 위해 쓰겠다는 생각은 더더욱 없을 것입니다.

하나님은 먼저 하나님의 말씀을 따를 것을 요구하십니다. 하나님의 말씀을 따르는 것이 원수의 소를 만나면 원수에게 가져다주는 것이 아니었습니까? 그러한 율례를 모두 지켜야 우리의 대적에게 대적이 되어 주신다는 것입니다. 하나님의 보호와 인도의 전제가 무엇인지 분명히 알아야 할 것입니다.

"너는 그들의 신을 경배하지 말며 섬기지 말며 그들의 행위를 본받지 말고 그것들을 다 깨뜨리며 그들의 주상을 부수고 네 하나님 여호와를 섬기라 그리하면 여호와가 너희의 양식과 물에 복을 내리고 너희 중에서 병을 제하리니"(24-25절)

하나님이 이스라엘 백성들과 맺으려는 계약은 일방적인 것이 아니라 제안과 응답이 있는 쌍방적인 것입니다. 따라서 어느 한 편이 거부한다면 이 계약은 맺어지지 않게 됩니다. 이와 함께 하나님이 이스라엘을 보호하고 인도하겠다고 하시는데 여기에도 쌍방적인 관계가 적용됩니다. 그것은 다른 신을 섬기지 말아야 한다는 것입니다. 이스라엘 백성이 아모리 사람과 헷 사람과 브리스 사람과 가나안 사람과 히위 사람과 여부스 사람으로부터 하나님의 보호를 받기 위해서는 그들의 신을 숭배하거나 좇지 않고 하나님을 섬겨야 하는 것입니다. 이것이 하나님의 보호와 인도의 전제입니다.

하나님의 택함 받은 백성이라는 특권에만 머무르지 않고 그 안에 담겨진 사명, 즉 하나님 섬김의 사명을 기억하고 시대의 책임적 존재로 살아야 하는 것입니다.

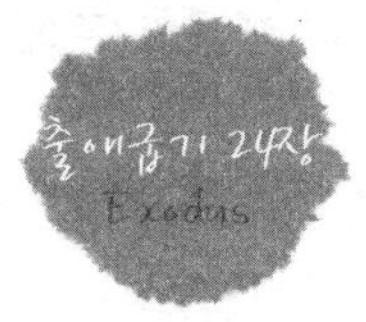

400여 년 전의 말씀이 실제로 현실화되고 있는 참으로 역사적인 날입니다

*작은 나무입니다만,
누군가 먼저 드려지는 헌신이
필요할 때가 있습니다.*

창세기 18장에서 하나님은 아브라함의 자식과 권속들로 하여금 의와 공도를 행하게 하려고(창 18:19) 아브라함을 택하였다고 말씀하셨습니다. 하나님의 이 뜻이 400여 년이 흐른 지금, 이 장에서 현실화되고 있는 것입니다.

출애굽한 지 3개월 만에 시내 산에 도착한 이스라엘 백성은 하나님이 말씀하신 의와 공도를 행하기로 받아들이는 감격적인 날을 맞이하게 됩니다. 400여 년 전의 말씀이 실제 역사로 현실화되고 있음을 볼 수 있습니다.

이스라엘 백성에게 있어서 참으로 역사적인 이날은 그들의 역사가 존속되는 한, 계속해서 기억되고 기념되어야 할 날인 것입니다.

소중한 응답

출애굽기 20장에서 십계명을 받던 날, 하나님의 음성을 직접 듣던 백성들은 모세에게 다음과 같이 당부하고 있습니다.

> "당신이 우리에게 말씀하소서 우리가 들으리이다 하나님이 우리에게 말씀하시지 말게 하소서 우리가 죽을까 하나이다"(20:19)

일이 이렇게 되자, 모세는 하나님이 계신 암흑으로 가까이 가게 됩니다. 그리고는 20장 22절에서부터 23장 33절까지의 말씀을 받아 기록하게 된 것입니다. 이제 여기까지 말씀을 주신 하나님께서 모세에게 이르십니다.

> "너는 아론과 나답과 아비후와 이스라엘 장로 칠십 명과 함께 여호와께로 올라와 멀리서 경배하고 너 모세만 여호와께 가까이 나아오고 그들은 가까이 나아오지 말며 백성은 너와 함께 올라오지 말지니라"(1-2절)

하나님의 목소리를 직접 듣는 것이 두려워 모세로부터 율법의 세부 내용을 전해 들은 이스라엘 백성들이 하나님을 향해 한 목소리로 순종의 메시지를 보내고 있는 것입니다. 비록 훗날 이 응답에 미치지 못하는 행위를 하고 말지만, 이 시간만은 하나님 앞에 겸손하게 서 있는 이스라엘 백성을 발견할 수 있습니다.

이러므로 모세는 이른 아침에 산 아래 단을 쌓고 이스라엘의 청년들을 보내어 번제와 소로 화목제를 여호와께 드린 후, 피를 취하여 반은 단에 뿌리고 반은 백성에게 뿌린 후 선언합니다.

참으로 놀랍고 감격스러운 날입니다. 성경에 역사적이지 않은 날은 한 날도 없을 것입니다만, 하나님이 은혜를 베푸셨고, 이스라엘 백성들이 그 은혜에 화답한 이 역사적인 날, 놀랍고도 감격적인 날들은 꼭 기억되어야 할 것입니다.

그날의 중요성을 어찌 우리가 소홀히 여길 수 있겠습니까? 돌이켜 보면, 창세기 18장에서 아브라함에게 나타나신 하나님의 계획, 곧 그의 자식과 권속에게 명하여 여호와의 도를 지켜 공의와 정의를 행하게 하시겠다는 하나님의 뜻을 400여 년이 흐른 이후, 실제 이스라엘 백성이 그렇게 하겠노라고 받아들이는 감격적인 장면이지요.

하나님의 400년 전의 예언적 약속이 역사화 되는 것입니다. 그 약속이 역사적으로 체결이 되는 날이라는 것이지요. 이후 많은 실패가 따릅니다. 우리는 끝에서부터 보기 때문에 이미 알고 있지요. 지금 이제 이스라엘 백성들이 준행하겠노라 말하는 가운데 역사적인 체결이 이루어지고 그 말씀이 실천되는 것입니다.

출애굽기 3장 18절에서 맨 처음 하나님이 요구하셨던, 제사를 드리라는 말씀이 비로소 이루어지고 있습니다. 사실 조금만 시간이 지나면 이스라엘 자손의 청년들이 희생 제물을 드리는 데 가까이 가지 못합니다. 그 일은 레위인들의 몫이 되니까요. 레위인들이 선택되기 전에 청년들이 헌신하고 있습니다. 아직 제사를 드리는 체제가 채 갖추어지기 전, 누군가의 헌신에 의해 제사가 드려지고 있습니다.

작은 나무입니다만 누군가 먼저 드려지는 헌신이 필요할 때가 있다는 것, 특히 조직과 체제가 갖추어지기 전에는 더욱 그러하다는 점을 알 수 있는 소중한 부분입니다.

리셉션

"모세와 아론과 나답과 아비후와 이스라엘 장로 칠십 인이 올라가서 이스라엘의 하나님을 보니 그의 발 아래에는 청옥을 편 듯하고 하늘 같이 청명하더라 하나님이 이스라엘 자손들의 존귀한 자들에게 손을 대지 아니하셨고 그들은 하나님을 뵙고 먹고 마셨더라"(9-11절)

이스라엘 백성의 장로들 즉 모세, 아론, 나답과 아비후, 70명의 장로들이 하나님 앞에 올라옵니다. 올라와서 하나님을 가까이할 수 있는 놀라운 특권을 받습니다. 그 특권 속에서 그들은 하나님과 사귐을 갖는다는 말입니다.

이 특권적 사귐, 하나님과의 사귐은 이스라엘 일반 다른 백성들을 향한 책임과 사명을 동반합니다. 전체적으로 보면 하나님과 사귀는 이 놀라운 축복과 특권을 통해서 열방 전체를 향한 제사장적 민족, 거룩한 백성으로서의 놀라운 사명을 다시 일깨우시고 그들에게 특권에 대한 책임을 요구하시는 장면이라는 사실을 기억해야 될 것입니다.

모세의 빈 자리

리셉션이 끝난 후 여호와께서 모세에게 말씀하십니다.

> "너는 산에 올라 내게로 와서 거기 있으라 네가 그들을 가르치도록 내가 율법
> 과 계명을 친히 기록한 돌판을 네게 주리라"(12절)

그러자 모세가 그의 부하 여호수아와 함께 일어나 하나님이 계신 산으로 올라가며 장로들에게 당부합니다.

> "너희는 여기서 우리가 너희에게로 돌아오기까지 기다리라 아론과 훌이 너희
> 와 함께 하리니 무릇 일이 있는 자는 그들에게로 나아갈지니라"(14절)

모세가 이스라엘 공동체를 잠시 떠나게 되어 40일 동안의 공백이 생기게 됩니다. 이 기간 동안 모세의 역할을 아론과 훌이 대신해야 했습니다. 이스라엘 백성이 모세의 권위를 위임받은 아론과 훌을 존중하지 않으면 지도력에 공백이 생기게 되고, 그에 따른 혼란 또한 겪게 될 것은 자명한 일입니다.

건강한 공동체는 지도자의 자리가 비어 있을 때, 그 지도력을 위임받은 자의 권위를 인정하고 잘 따라야 합니다. 이럴 때 그 공동체는 화목할 수 있고 가지고 있는 역량을 최대한 발휘할 수 있는 것입니다. 믿음의 사람들이 있는 곳에는 이런 건강함이 있어야 할 것입니다.

모세가 다시 시내 산으로 부름을 받는 기간 동안 아론과 나답과 아비후, 70명의 장로들에게 백성을 언약의 백성으로 인도할 책임과 사명이 주어진 것을 볼 수 있습니다. 이때 하나님께서는 직접 돌판에 이 언약의 말씀을 기

록하십니다.

돌판에 기록한다는 것에 어떤 의미가 있습니까? 모래에 기록하는 것과 돌판에 기록하는 것은 다르지요. 모래에 기록한 것은 물이 한 번 싹 들어와 버리면 지워져 버립니다. 그러나 돌에 기록한단 얘기는 비바람과 풍랑이 지나가도 손상 없이 남아 있게 한다는 얘기입니다. 손상 없이 남아 있게 만드는 이유, 바로 다음 세대를 위한 기록이기 때문입니다. 다음 세대까지 보존시키기 위한 기록이란 말입니다.

왜 하나님이 친히 돌판에 기록하셨을까요? 그 당시 이스라엘 백성에게 무엇을 보여 주신 것입니까? 하나님이 직접 임재를 보여 주신 것입니다. 하나님이 그 다음 세대에게 또 보여 주고 그 다음 세대에게 또 보여 주시고…. 당신을 직접 보여 주실 수는 없습니다. 하나님이 친히 돌판에 기록해서 증거를 남기시겠다는 것은 다음 세대를 위한 뜻이 담겨 있다고 봐야 되겠습니다.

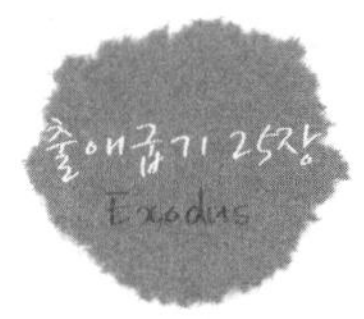

비전과 땀, 양자의 조화에 대해
곰곰이 생각해 보아야 합니다

하나님의 일을 함에 있어서 하나님께서 비전을 주시면
그 비전을 이루기 위한 구체적인 실천과
땀방울은 사람의 몫입니다.

이스라엘 백성에게 기다릴 것을 당부하고 시내 산에 오른 모세는 사십 일 사십 야를 산 위에 있게 됩니다. 출애굽기 숲에서 보면, 25장부터 31장까지는 시내 산에서 하나님께서 모세에게 성막과 제사장 그리고 제사에 대해 말씀하시고 계신 내용입니다. 이렇게 산에 오른 모세에게 하나님은 이스라엘 백성을 만날 장소인 성막의 설계도를 들려주시며 구체적인 모형을 제시하고 있습니다. 이것은 하나님께서 이스라엘 백성과 계속적인 만남을 가지려는 계획이 있음을 보여 주는 것입니다.

한편 성막을 짓기 위해서는 백성들이 가지고 있는 귀중품들을 즐거운 마음으로 드려야 했습니다. 출애굽기 24장의 하나님과 이스라엘 백성이 언약을 맺는 과정에서 그들 스스로의 선택이 있어야 했듯이 성막 건축에도 백성들의 자원하는 마음이 필요합니다.

출애굽기 25장에서 언급하신 것은 이후 민수기에서 고핫 자손들이 주로 관리하게 될 것을 만들고 있는 것입니다. 민수기 3장에서 그들에게 맡겨질 이 일을 모세오경이라는 숲에서 본다면 출애굽기 25장에서 최초로 하나님이 만들라 명하셨던 그 내용들이 고핫 자손에게 사명으로 이어진다고 말할 수 있을 것입니다.

비전과 땀

모세는 자신이 산에 올라가 있는 동안, 아론과 훌을 필두로 해서 70명의 장로들이 협력해서 이스라엘 백성들을 안돈시키는 가운데 '내가 내려올 때까지 기다리라' 라고 했습니다. 기다리라는 이야기는 좋은 것을 가지고 내려오겠다는 것입니다. 시내 산 위에서 모세가 하나님으로부터 그 좋은 것을 듣고 기록하는 복된 장면이 진행되고 있습니다.

이제 시내 산 위에서 모세와 대면하신 하나님께서 말씀하시기 시작하십니다.

> "이스라엘 자손에게 명령하여 내게 예물을 가져오라 하고 기쁜 마음으로 내
> 는 자가 내게 바치는 모든 것을 너희는 받을지니라"(2절)

하나님이 이스라엘 백성에게 주신 만나는 그들의 노력 없이 하나님이

그냥 주신 것이었습니다. 그러나 만남의 장소인 성소를 만들 때는 다릅니다. 하나님은 그들이 재료를 준비함에 있어서 즐거운 마음으로 자원하여 드리기를 원하셨습니다. 들어 보십시오.

강제적인 강요가 아닌 인격 대 인격으로 백성들의 진정 어린 마음을 받기 원하시는 것 같습니다.

하나님이 재료가 없으셔서 이스라엘 백성들에게 내라고 하시는 것은 아닙니다. 하늘 문을 여시고 만나를 비처럼 쏟아 부으셨던 하나님께서 모자라고 아쉬운 게 있으셔서 그들에게 요구하셨던 것은 아니겠지요. 관계성을 위해서 많은 것을 요구하시는 것입니다. 그리고 내되 즐거운 마음으로 내라는 것입니다.

성소를 만듦에 있어서 하나님은 이스라엘 백성에게 식양만 주시고 필요한 모든 것들, 재료, 만들 사람을 준비하여 만들도록 하십니다. 십계명 같은 경우는 하나님께서 친히 다듬어 주셨지만 성소의 경우에는 만남의 장소라는 역할에 맞게 하나님과 이스라엘 쌍방의 합작품이 나오는 것 같습니다.

하나님의 일을 함에 있어서 하나님께서 비전을 주시면 그 비전을 이루기 위한 구체적인 실천과 땀방울은 사람의 몫입니다. 이스라엘이 초대공동체에서 신앙공동체로 형성되는 이 시점에 성막 짓는 일만큼 중요한 일은 없을 것입니다. 이 중요한 일을 하나님께서는 설계도 하나만 보여 주시고 이대로 만들라고 하십니다.

비전을 주신 분은 하나님이시되 그것을 현실로 바꾸는 사람은 비전을 주신 분을 순종하고 그분이 명하신 것을 부단히 실천하는 사람입니다. 비전에만 초점을 맞추면 실천력 없는 몽상가가 되는 것이고, 땀에만 집착하면 하나님 없이도 자신의 노력으로 살 수 있다고 생각하는 자기의 의에 빠지는 것입니다.

비전과 땀, 양자의 조화에 대해 곰곰이 생각해 보아야 할 것 같습니다.

내가 너를 만나고 싶어

"내가 너와 만나고 ···."
이스라엘 백성에 대한 하나님의 진한 사랑이 느껴지는 장면입니다.
하나님의 말씀을 들어 보십시오.

> "거기서 내가 너와 만나고 속죄소 위 곧 증거궤 위에 있는 두 그룹 사이에서 내가 이스라엘 자손을 위하여 네게 명령할 모든 일을 네게 이르리라"(22절)

성소는 하나님이 이스라엘과 함께하시겠다는 상징적 표현입니다. 이 성소는 예배의 중심지이기 이전에 만남의 중심지입니다. 이스라엘 백성들은 하나님과 만나는 것을 두려워했습니다. 그래서 모세가 하나님께 나아가 중재 역할을 했습니다. 그러나 이렇게 모세만 하나님을 뵙고 돌아와 전하는 식이 되면 이스라엘 백성들 사이에서 모세의 리더십이 힘을 발휘하지 못합니다. 그래서 성소를 만들어서 이스라엘 백성들 사이에 거하게 하고 회막 안에서 리더십을 발휘하게 하는 것입니다.

"거기서 내가 너와 만나고". 성소의 의미는 여기에 있습니다. 그들에게 성소를 지으라고 하신 것은 재물을 약탈하기 위함이 아니요, 두려운 마음을 갖게 하려 함도 아니요, 하나님께서 그들을 만나고 싶어 하셨기 때문입니다. 그리고 이곳에서 그들의 죄를 용서하시려는 의도를 가지고 있음을 볼 수 있는 것입니다.

이처럼 이스라엘 백성에 대한 하나님의 사랑은 만남의 장소를 지정하시고, 그들을 만나며, 그들의 죄를 용서하시겠다는 것에서 뚜렷이 나타나고 있습니다.

마치 사랑하는 사람을 만나기 위하여
해야 할 일을 빼곡히 적어 놓은 수첩을
들여다보는 것 같습니다

하나님의 생각은 깊으시고
그 계획은 치밀하고 정확합니다.
그래서 그 사랑은 더 놀랍습니다.

이 모든 일은 우리를 위한 준비였습니다. 성막 짓기를 위한 숲이라는 측면에서 본다면 출애굽기 25장은 성막 안의 내용물, 즉 속죄소에 필요한 등잔대, 증거궤 등과 같은 기구들에 대해 지시하고 있고, 26장은 성막을 향한 전체적인 큰 틀의 설계를 말씀하고 있습니다.

이 설계에는 숫자와 재료만이 있는 것이 아니라 '수놓다', '연하다', '꼬다', '접어 들이우다', '금으로 싸다', '부어 만들다', '대하게 하다', '만들다' 등 동사로 표현되어지는 정성과 섬세함, 그리고 땀이 들어 있습니다.

출애굽 신앙공동체 중심에 세워진 이 성소를 통해 이스라엘 백성과 더불어 깊은 사귐과 만남을 갖고자 하시는 하나님은 정성과 섬세함을 이스라엘 백성들을 향해 원하시는 것 같습니다.

하나님이 모세를 통해 이스라엘을 애굽에서 부르실 때, 하나님은 이미 이스라엘이 어떻게, 어디서 섬길 것인지 깊이 생각하시며 준비하셨습니다. 모세를 통해서 이 백성이 나를 섬겨야 한다고 말씀하셨을 때는 그 말이 무슨 말인지, 하나님이 어떤 깊은 준비를 가지고 그 말씀을 하시는지 몰랐습니다. 하지만 하나님은 이 깊은 준비를 하고 계셨습니다. 출애굽기 26장에서 이 수많은 계획들을 밝히시고 있는데, 실은 이러한 구체적인 계획들을 적어도 1년 전부터 준비하고 계셨다는 것입니다.

사랑하는 이에게 정성을 다하듯 하나님께서는 사람과 관련된 일에 온 정성을 다하고 계시는 모습을 볼 수 있습니다.

사랑하는 이에게 정성을 다하듯

출애굽 후 약 4개월이 지난 시점에서 하나님은 당신을 만나고 섬기는 장소로 성소를 만들게 하시고, 그 성소의 식양을 구체적으로 하나하나 말씀하십니다.

> "너는 성막을 만들되 가늘게 꼰 베 실과 청색 자색 홍색 실로 그룹을 정교하게 수 놓은 열 폭의 휘장을 만들지니 매 폭의 길이는 스물여덟 규빗, 너비는 네 규빗으로 각 폭의 장단을 같게 하고 그 휘장 다섯 폭을 서로 연결하며 다른 다섯 폭도 서로 연결하고 그 휘장을 이을 끝폭 가에 청색 고를 만들며 이어질 다른 끝폭 가에도 그와 같이 하고"(1-4절)

이것은 이스라엘이 출애굽하기 전부터 하나님이 바로에게 하셨던 말씀, 즉 '이들이 나를 섬길 것이라' 라는 출애굽의 목적을 실현하고 계시는 중인 것입니다. 하나님께서는 모세를 통해 바로와 이스라엘 백성들에게 출애굽을 알릴 때부터 이 모든 일들을 준비하고 계획하셨던 것입니다.

하나님의 생각은 깊으시고 그 계획은 치밀하고 정확합니다. 하나님께서 깊이 생각하시고 계획하신 설계도를 말씀하시는 이 장면에서 우리가 만나게 되는 것은, 뭐가 몇 규빗이고 뭐는 어떻게 만들고 하는 따분하고 지루한 내용이 아니라 그만큼 꼼꼼한 설계도의 이면에 있는 하나님의 정성과 기다리심과 계획하심인 것입니다.

마치 사랑하는 사람을 만나기 위하여 해야 할 일을 빼곡히 적어 놓은 수첩을 들여다보는 것 같지 않습니까?

또한 이동이 많은 광야 생활에서 하나님께서는 자신의 임재를 성막으로 나타내시면서 당신이 이스라엘 백성과 동행하고 계심을 증명하려고 하신 것 같습니다. 떠돌이 생활에 있는 이스라엘 백성들에게 성막과 그곳에 임하시는 하나님은 말할 수 없는 위로가 되었을 것입니다. 그리고 이러한 이동을 위해 하나님께서는 고정적인 것이 아니라 이동하기 쉽고 편한 것으로 성막을 만들어 주셨습니다.

구별한 이유

성막을 만들되 성소와 지성소를 구별하라 하십니다.

"너는 청색 자색 홍색 실과 가늘게 꼰 베 실로 짜서 휘장을 만들고 그 위에 그

룹들을 정교하게 수 놓아서 금 갈고리를 네 기둥 위에 늘어뜨리되 그 네 기둥
을 조각목으로 만들고 금으로 싸서 네 은 받침 위에 둘지며 그 휘장을 갈고리
아래에 늘어뜨린 후에 증거궤를 그 휘장 안에 들여놓으라 그 휘장이 너희를
위하여 성소와 지성소를 구분하리라"(31-33절)

하나님께서 하나님 자신을 위하여 구별하라고 하신 것이 아닙니다. '너
희를 위하여' 구별한다고 하셨습니다. 출애굽한 지 얼마 되지 않은 이스라
엘 백성의 성숙도는 민족의 정체성 면에서나 하나님을 섬기는 신앙의 공동
체 면에서나 아직 초보 단계라고 할 수 있습니다. 이런 상황에서 분별없이
행동하여 하나님이 강림하시는 거룩한 지성소를 함부로 범함으로써 백성
에게 미칠 화와 진노를 피하게 하시려는 배려를 하신 것입니다.

인간의 약함 때문에 구별된 이 성소와 지성소의 구별은 이후 신약에서
예수 그리스도의 대속으로 인해 없어지게 되는데, 이것은 예수 그리스도
안에서 인간의 약함이 극복되었음을 의미합니다.

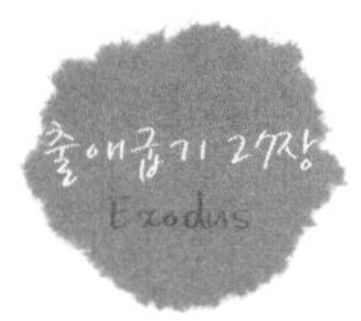

공동체를 바로 세우기 위한 가장 큰 준비는 '사람'입니다

*신앙인이 항상 깨어 있을 것을 요구하시는 것은
성경 전체에 유유히 흐르는
하나님의 마음입니다.*

하나님이 이스라엘 백성을 하나님 섬김의 공동체로 세우시는 가운데 이 장에서는 출애굽기 25, 26장에 이어 성소의 식양을 계속해서 지시하십니다. 하나님이 시내 산 위에서 모세에게 전하여 주신 명령을 크게 성막 짓기와 제사장의 위임과 사명으로 구분할 수 있는데, 출애굽기 27장에서 성막과 관련된 내용이 끝나고 있습니다. 마지막으로 번제단과 성막의 뜰을 말씀하시고 이곳에서 제사를 주도할 사람으로 아론을 지명하십니다.

당대의 지도자는 모세입니다. 모세를 통하여 제사에 필요한 모든 기구들과 절차를 준비하셨습니다. 하지만 이후 대대로 이스라엘 자손의 제사를 주도할 사람은 아론과 그 아들들이 됩니다. 이것이 모세와 아론이 맡은 각자의 역할이었습니다.

40일 40야

사실 하나님께서는 십계명뿐만 아니라 백성들 모두가 들어야 될 삶의 언약들을 친히 말씀하고 싶으셨습니다. 그런데 하나님이 모세에게만 말하게끔 하라는 이스라엘 백성의 요구로 말미암아 모세가 시내 산에 올라가서 그 언약의 말씀들을 듣습니다.

언약의 말씀들은 주로 십계명 중 5계명 이후, 인간과 인간 사이에 관계된 언약의 내용들을 받아서 말씀을 하셨습니다. 그 다음 이스라엘 백성들은 하나님과 계약을 체결했습니다. 계약이 이루어지고 난 다음, 공식적으로는 처음으로 하나님께서 시내 산으로 모세를 부르신 것입니다.

처음에 올라갈 때에는 40주야일지 몰랐습니다. 그냥 하나님과의 계약이 이루어진 상태에서 부르심을 받고 올라갔습니다. 모세가 언제 내려올지 모릅니다. 뒤에 지나 놓고 보니까 시내 산에서 지낸 기간이 40주야였던 것이지요.

그 머무르는 40일 동안 하나님께서 두 가지 중요한 말씀을 하십니다. 하나님과 이스라엘 백성의 만남의 장소인 성막 짓기, 그리고 그 성막을 중심으로 하나님을 섬기는 일에 앞장서야 하는 제사장과 제사법들, 이 두 가지 큰 틀을 40일 동안 말씀하시는 것입니다.

그런 흐름에서 볼 때, 25장, 26장, 27장 이 세 장은 바로 성막 짓기 부분이고, 28장부터 31장까지는 제사장과 그들이 감당해야 될 사명에 관련된 내용입니다. 그런고로 27장은 40일 동안 말씀하시는 하나님의 말씀의 전반부가 끝나는 장이라고 볼 수 있습니다.

이 전반부에 대한 이야기도 세 부분으로 나누어집니다. 25장이 주로 성소나 지성소에서 쓸 아주 중요한 도구들, 곧 섬세한 제사 도구들에 관한 이야기라면, 26장은 그 도구들을 담아낼 성막, 성소, 법궤, 이런 것들을 만들게 하는 장이요, 그 다음 27장은 바로 그 25, 26장에서 만들어 낸 기물들과 법궤 전체를 또 담아내는, 뜰에 관한 이야기를 담고 있습니다. 이 성막을 중심으로 만남이 이루어지는 것입니다.

하나님의 배려

> "제단을 위하여 놋으로 그물을 만들고 그 위 네 모퉁이에 놋 고리 넷을 만들고"(4절)

하나님은 번제단의 네 모퉁이에 각각의 놋 고리를 만들 것을 요구하시는데 이것은 복잡하고 귀찮은 일로 보입니다. 하지만 네 개의 놋 고리가 있어야 어깨에 멜 수 있습니다. 가나안까지 먼 길을 가는 데는 메어 옮기는 것이 용이할 것입니다. 하나님은 이스라엘 백성이 처한 상황을 고려하여 매우 세심한 배려를 하고 계십니다. 이렇게 하나님의 법궤를 메어 옮기는 전통은 지켜져야 하는 것이었고, 그래서 이 규례는 후에 웃사가 나곤의 타작마당에서 죽는 사건의 배경이 되기도 합니다(삼하 6장).

한편 조각목으로 번제단을 만든 뒤 그것을 놋으로 싸야 합니다. 성막의 뜰 받침도 놋으로 만들어야 하는 것이지요. 이스라엘 자손과 만나고 싶어

하시는 하나님의 마음은 재료까지도 섬세하게 일러 주시는 것으로 나타납니다.

등불은 밝혀지고

설계도 제시가 끝나고 제사장과 제사 예법에 대해 설명하시기에 앞서서 하나님께서 중대 발표를 하십니다.

> "너는 또 이스라엘 자손에게 명령하여 감람으로 짠 순수한 기름을 등불을 위하여 네게로 가져오게 하고 끊이지 않게 등불을 켜되 아론과 그의 아들들로 회막 안 증거궤 앞 휘장 밖에서 저녁부터 아침까지 항상 여호와 앞에 그 등불을 보살피게 하라 이는 이스라엘 자손이 대대로 지킬 규례이니라"(20-21절)

무슨 이야기입니까? '아하! 이제 아론을 불러 세우시는구나! 아론과 그의 자손들은 바로 이렇게 성소가 만들어졌을 때에 그 지근거리에서 일하게 하시는구나.' 라고 생각해 볼 수 있습니다. 아주 중요한 역할을 하게 되는 것이지요.

21절 하반부에 보면, "이는 이스라엘 자손이 대대로 지킬 규례이니라" 라고 하십니다. 바로 이 말이 중요한 것입니다. 만일 이 말이 없었으면 그 직임이 아론과 그 자식들에게서 끝나는 것입니다. 그런데 바로 이 말 때문에 이 업이 자손 대대로 계승되는 것입니다.

이 말을 달리 바꾸면 모세의 역할과 아론의 역할이 다르다는 것입니다. 비록 그 당시 상황에서 모세가 지도자적 역할을 총체적으로 했지만, 아론과 그 후손들에게 이제부터 부여되는 이 복은 모세와 모세의 후손에게 부어지는 복과는 비교가 되지 않습니다. 모세의 입장에서 느끼는 것이 있었을 것입니다. 지도자적 역할이라는 것, 책무가 무엇이라는 것을 우리가 생각해 볼 필요가 있습니다.

어쨌든 이 일로 말미암아 아론과 아론의 자손에게 대대로 영원한 대제사장의 직분을 계승시키는 모습을 우리가 이제 하나님의 언급을 통하여 알수 있습니다. 여기까지 말씀하시는 상황에서는 그 내용이 어떤 것인지는아직 모릅니다.

이 말씀이 있으시기 전까지 모세도, 이스라엘 장로들도, 아론과 그의 아들들도 성막을 지키는 사명이 누구에게 있는지 알지 못했을 것입니다. 하나님께서 처음으로 아론과 아론의 후손에게 맡겨질 사명과 그 직무 내용을밝히시는 이 순간, 아마 모두 깜짝 놀랐을 것입니다. 사실 우리야 '아론은제사장'이라는 공식을 너무나 당연하게 생각합니다. 그러나 단지 하나님께서 평생 직업을 말씀하신다 해도 놀라운 일인데, 자손 대대로의 '영원한 규례'로서 할 일을 말씀하시니 아론의 놀라움은 대단했을 것입니다. 아론과아론의 후손들이 이제 이스라엘 공동체 내에서 핵심적으로 하나님을 섬겨야 한다는 것이 공식적으로 선언되었습니다.

또한 이제 등불의 중요성이 나오기 시작합니다. 지금까지는 등불의 중요성이 없었습니다. 여기서부터 등불의 소중함이 처음 나오기 시작한다고봐야 합니다. 아침부터 저녁까지 항상 등불을 켜고 여호와 앞에 지키라고하십니다. 불을 밝힌다는 말은 무슨 말입니까? 깨어 있다는 말입니다. '등불을 켜서 밝히라.' 이 등불의 소중함은 전부가 다 알고 있는 것입니다.

이때부터 등불의 소중함이 드러나고 예수님이 등불 비유를 하십니다. '기름이 떨어지지 않게 하라. 항상 기름을 준비하고 있으라.' 바로 이런 이야기를 여기에서 처음으로 중요하게 말씀하시는 것입니다. 예수님께서는 등불 비유를 통해서 오늘을 사는 그리스도인들에게 항상 깨어 있을 것을 요구하십니다.

'등불을 아침부터 저녁까지 항상 보살피게 하라.' 항상 깨어 있으라는 이야기입니다. 하나님을 위하여 성실히 시간을 보내다가도 어느 경우는 나태하게 하나님께서 주신 시간을 허비하는 경우가 있습니다. 그러나 신앙인이 항상 깨어 있을 것을 요구하시는 것은 성경 전체에 유유히 흐르는 하나님의 마음입니다.

"이스라엘 자손이 대대로 지킬 규례이니라." 이 말씀 가운데서는 하나님께서 그 규례를 세우신 분이며, 예수 그리스도가 영원한 대제사장이라는 사실이 암시되고 있습니다.

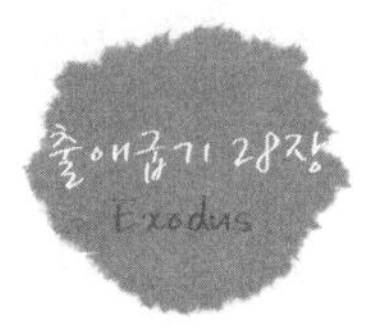

눈이 부시게 화려한 아론의 옷은 사실
땀 냄새 물씬 나는 작업복인 것입니다

하나님께서 특권을 주실 때의 깊은 뜻을 이해하지 못한 채
그 특권을 남용, 오용하는 것은
참으로 위험한 일이라는 생각이 듭니다.

숲에서 바라본 출애굽기 28장은 이스라엘 백성과 하나님과의 관계 맺음에 있어 거룩과 영화로움을 유지하시려는 하나님의 마음이 담겨 있습니다. 이것이 하나님께서 아론을 거룩히 구별하신 이유입니다.

시내 산에서 성소의 식양에 대해 말씀하신 하나님은 이제 그 성소에서 제사를 통해 하나님을 섬길 자로 아론과 그의 아들들을 세우시고 그들이 입을 옷에 관한 식양을 명령하십니다. 이것은 하나님과 이스라엘 사이에 모세가 아닌 다른 중재자를 세운다는 것을 의미하는데, 하나님이 이렇게 하신 것은 이스라엘 백성을 직접 상대할 수 없었기 때문이었습니다. 제사장으로 구별된 아론과 그의 아들들은 신앙공동체인 이스라엘 민족의 새 구심점을 이루게 됩니다.

이렇게 아론을 향해 놀랍고 귀한 일을 맡기시려는 하나님의 계획과는 달리, 산 아래서는 아론이 백성의 방자함에 동조해 우상숭배를 범하고, 부재중인 모세를 대신해 이스라엘 백성을 다스려야 할 책임을 온전하게 감당하지 못한 모습을 보여 줍니다.

화려한 옷에 담긴 사명

제사장의 자리라는 것이 백성들로부터 거룩히 여김을 받는 자리이지만 그만큼 큰 위험부담과 책임이 있다는 것을, 제사장의 옷을 설명하시면서 알려 주십니다.

아론과 그 후손들이 이스라엘을 대신하여 성소에 들어갈 때는 하나님이 지정하여 주신 복장을 갖추고 나가야 합니다. '지정하여 주신 복장' 이라는 말은 그 복장 자체가 아론과 그 아들들에게 물질적인 누림이나 특권을 의미하는 것이 아닙니다. 하나님께서 지정해 주신 옷을 입고 나아가는 순종의 의미가 있을 뿐이지요.

> "그것에 네 줄로 보석을 물리되 첫 줄은 홍보석 황옥 녹주옥이요 둘째 줄은 석류석 남보석 홍마노요 셋째 줄은 호박 백마노 자수정이요 넷째 줄은 녹보석 호마노 벽옥으로 다 금 테에 물릴지니 이 보석들은 이스라엘 아들들의 이름대로 열둘이라 보석마다 열두 지파의 한 이름씩 도장을 새기는 법으로 새기고"
> (17-21절)

성막에 못지않게 제사장들이 입게 될 화려한 옷이 언급됩니다. 이것은 단지 그들 자신만을 위한 것이 아니라 하나님을 섬기는 제사장 직분을 행하기 위함이었습니다. 그들이 누리게 될 이런 특권은 이스라엘 아들들의 이름을 새긴 두 보석을 어깨받이에 붙여 어깨에 메고 흉패를 가슴에 단 것처럼, 제사장이란 이스라엘 백성의 문제를 지고 하나님 앞에 서야 할 목숨을 건 중재자라는 것을 명하고 있는 것입니다. 다시 말해 보석에 한 이름씩 정성껏 인을 새긴 것을 아론의 두 어깨에 메게 한 것은 백성들을 귀히 여기고 그들이 거룩히 드리는 성물을 대신하여 잘 드리라는 것이며, 이를 위해 제사장은 늘 긴장하여 거룩히 직분을 감당하라는 책임을 부여하시는 것입니다. 이스라엘 민족과 하나님 사이에 계속 이어질 중재자를 세우시는 것이라 할 수 있습니다.

하나님께서 아론과 그의 자손들에게 이러한 권한을 부여하신 기준이 무엇이었을까요? 혈통이나 능력을 기준으로 삼았다는 그 어떠한 근거도 찾아볼 수 없습니다.

> "너는 이스라엘 자손 중 네 형 아론과 그의 아들들 곧 아론과 아론의 아들들 나답과 아비후와 엘르아살과 이다말을 그와 함께 네게로 나아오게 하여 나를 섬기는 제사장 직분을 행하게 하되"(1절)

'이스라엘 자손 중'에서 표본으로 뽑은 것입니다. 그들에게 하나님을 섬길 어떠한 우월한 점도 있지 않았습니다. 이 부분을 명시해 둘 필요가 있습니다. 왜냐하면 시간이 좀 흐르면 이스라엘 백성들이 제사장 직분을 사명으로 여기지 않고 특권 그 자체로만 생각하여 마치 모세가 자기 집안사람들을 세워 놓고 이익을 독식하는 것으로 오해하여 반역하는 일이 생기기 때문입니다(민 16장). 그러므로 하나님께서 특권을 주실 때의 깊은 뜻을 이해하지 못한 채 그 특권을 가지지 못한 것에 대해 반발심을 갖거나, 특권을 가진 자가 조심하지 않고 그 특권을 남용, 오용하는 것은 참으로 위험한 일이 아닐 수 없습니다.

그러므로 화려한 제사장 옷을 입은 자는 특별히 조심해야 하고 항상 하나님이 주신 특권을 자신의 사사로운 이익을 위해 사용하고 있지는 않은지, 또는 남으로 하여금 그런 오해를 불러일으키고 있지는 않은지 경계해야 할 것입니다. 제사장의 자리는 옷의 외관만 보자면 화려하고 호화로울지 모르겠으나 힘들고 어려운 자리인 것입니다.

그래서 제사장의 옷은 화려하되 사명을 감당하기 위한 작업복일 뿐인 것입니다. 이러한 예가 바로 유럽의 귀족들이 가지고 있는 노블리스 오블리제가 아닌가 생각됩니다. 저들은 평소에 귀족으로서 각종 혜택을 누리며 살지만, 전쟁 등 위기 상황이 오면 가장 앞장서서 나라를 지키는 의무를 감당하는 것을 당연하게 여기고 있습니다.

힘이 많은 사람일수록 그 힘을 악용하여 할 수 있는 나쁜 일도 더 많고, 반면 그 힘을 선용하여 할 수 있는 좋은 일도 더 많기 마련입니다. 우리가 인간으로 살아가면서 인간으로 갖추어야 할 예의야 누구에게나 있는 것이지만 조금 더 가지고 누리는 자가 베풀며 살려고 마음만 먹으면 할 수 있는 일들이 많고 그 일의 규모도 큰 것 아니겠습니까? 귀족으로서의 의무와 사명을 감당할 마음이 없으면 귀족의 옷도 벗고 높은 자리에서 내려와야 하는 것 아닙니까?

눈이 부시게 화려한 아론의 옷이 사실은 땀 냄새 물씬 나는 작업복이었음을 꼭 기억합시다.

보석에 새긴 이름

"호마노 두 개를 가져다가 그 위에 이스라엘 아들들의 이름을 새기되 그들의
나이대로 여섯 이름을 한 보석에, 나머지 여섯 이름은 다른 보석에 새기라"
(9-10절)

'이스라엘 아들들의 이름을 새기라'. 지금 이스라엘 아들들의 이름이
이 보석에 새겨진다는 것은 얼마나 영광스러운 일입니까? 보석에 새기겠
다는 것은 저 모랫길에 새기겠다는 것과 다르지요. 보석은 귀한 것의 상징
입니다. 이 귀한 보석에 이름을 새기라는 것은 여기에 새겨진 이름들이 너
무나 귀하다는 의미입니다.

이스라엘 백성들이 이렇게 살아 계신 하나님께 귀히 여김을 받는데, 이
렇게 귀히 여김을 받는 것 역시 사명을 위함입니다.

귀히 여김을 받는 것과 사명이 나뉘어져서는 안 됩니다. 귀히 여김을 받
는 것과 사명을 하나로 여겨야 합니다. 통(通)으로 봐야 합니다. 귀한 자는
사명을 받는 것이고 사명을 받는 자는 귀한 자입니다. 이 정신을 잘 살려
낸 것이 서구의 귀족 정신이라고 말씀드렸습니다. 귀한 것과 의무의 관련
성을 놓쳐서는 안 될 것입니다.

보석에 이름을 새기는 것, 이름이 새겨진다는 것, 이 특권을 우리가 어
떻게 소홀히 여길 수 있겠습니까? 하나님이 보석에 그들의 이름을 새기고
그들을 귀히 여기고, 바로 그 귀히 여기시는 자들에게 '거룩한 백성 됨과
제사장 나라로서의 사명'을 맡기시는 것입니다.

1400년의 근간

사실 하나님께서는 이스라엘 백성 전체가 '거룩한 백성, 제사장 나라' 가 되는 것을 바라고 계십니다. '거룩한 백성'이란 말과 '제사장 나라'란 말은 거룩한 백성 됨의 특권이요, 제사장 나라 됨의 사명입니다. 제사장 나라의 이 중요한 사명은 '세계가 다 내게 속하여 있다'라고 하는 하나님의 말씀을 이루는 것입니다.

거룩한 제사장 나라를 위해 한 사람을 먼저 거룩하게 하십니다. 이 거대한 경륜과 섭리하심의 틀을 하나님께서 이루시기 위해서 구체적인 씨앗을 심으시는 것입니다. 아론이라는 씨앗을 거룩한 존재로서 심으시는 것입니다.

"네 형 아론을 위하여 거룩한 옷을 지어 영화롭고 아름답게 할지니"(2절)

아론이 거룩한 옷을 입고 영화롭고 아름답게 되는 것입니다. 거룩함은 거룩함 그 자체가 영화롭고 아름다운 것입니다. 하나님께서는 아론을 통하여 거룩한 씨앗을 심으시면서 거룩한 백성을 향한 거룩한 씨앗 뿌리기, 그리고 거룩한 백성 됨을 위한 거룩한 자 만들기를 시작하시는 것입니다. 하나님의 작업은 구체적입니다.

거룩한 백성이라는 집단을 만들기 위해 한 씨앗을 거룩한 자로 시작하십니다. 그래서 이 옷을 입는 자가 조심해야 합니다. 우리 하나님이 60만 명에게 다 거룩하고 아름다운 옷을 입히실 만한 능력이 없으신 것이 아닙니다. 하나로부터 만드시는 것 같습니다. 큰 일을 위해 작은 실천이 있어야 하는데 그런 실천이 없으면 안 됩니다.

하나님께서 아론을 세우십니다. 사실은 하나님께서 이스라엘 백성들을 직접 상대하실 수 있습니다. 만나로 상대하시고 시내 산에 임재하셔서 많은 말씀을 주시는 가운데 직접 상대할 수도 있으신 것이지요. 그러나 그렇게 하시지 않은 것은 능력이 모자라서가 아니라 백성들의 약함 때문입니다. 하나님의 배려입니다. 그래서 하나님은 아론과 그의 후손들을 통해서 제사장들을 내세우시는 것이지요.

이스라엘의 중요한 사명 중의 하나가 '제사장 나라' 라고 했습니다. 제사장이란 제사장 자체를 위해서 존재하는 직은 아닙니다. 중보직이지요. 누구와 누구 사이의 중보직입니다. 이스라엘 나라 자체를 제사장 나라로 부르셨습니다. 이 말은 하나님의 부르심의 이유가 그들만을 위해 부르셨다는 것이 아닙니다. 열방과 하나님 사이에 존재하는 나라로 부르시는 것이지요.

그 큰 틀을 축소시켜서 이스라엘 백성 내에서 또 다른 깊은 교육을 시도하기 위한 핵심 시스템으로 아론과 그 후손들을 불러서 제사장 가문으로 세우는 가운데, 이스라엘 백성과 하나님 사이에 존재하는 사람들로 세우는 일을 40일 동안 말씀하신 것입니다.

이스라엘 백성을 온 열방 중에서 제사장 나라로 부르신 이후, 지금 아론을 온 이스라엘 백성 중에서 제사장으로 부르신 것은 앞으로 이스라엘이 1400년의 시스템을 구축하는 놀라운 장면입니다. 어느 누가 이렇게 1400년을 바라보면서 제도의 근간을 놓을 수 있겠습니까? 제국의 흥망성쇠를 보면 그 제국을 유지하기 위한 정책이 10년이 멀다 하고 바뀌고 고쳐집니다. 그러나 하나님께서 만드신 이 제사장 제도는 예수님이 오실 때까지 유지됩니다.

까다로운 위임식 이면에 담겨 있는 것은
하나님의 사랑입니다

*사람 하나 세워지는 일이
이렇듯 쉽지가 않습니다.*

위임. 이것은 출애굽기 29장의 핵심입니다. 이 장에서 거룩하신 하나님은 이스라엘 백성과 함께하기 위해 그들이 죄에서 용서 받을 수 있는 길을 열고 계십니다. 인간의 죄를 용서하는 것은 하나님의 일인데, 이것을 아론과 그 아들들에게 위임하시는 것입니다. 하나님은 제사장 위임식을 통해 아론과 그의 아들들을 거룩하게 하시고, 거룩해진 그들이 집례하는 제사를 통해 이스라엘 백성과 만나고자 하시는 것입니다. 하나님은 이스라엘 백성 중에 거하시려고 그들을 애굽 땅에서 인도하여 내셨습니다.

위임받기 위한 훈련

'위임하다' 라는 것이 무슨 뜻입니까? "그들에게 제사장의 직분을 맡겨"(9절)라고 나오는데 위임하다, 맡긴다는 것은 누구의 일입니까? 이것은 하나님의 일입니다. 거룩하게 하는 일, 이스라엘을 사하는 일, 이 일을 아론과 그의 후손들을 통해서 하려고 하신다는 것입니다. 그래서 아론과 그의 후손을 세웁니다. 그리고 이들을 거룩하게 구별하시는 것입니다. 그러니까 하나님의 하실 일을 대신할 자를 따로 구별하신 것입니다. 그리고 이 구별하는 예식, 즉 위임식을 하는 방법으로 제사를 행하게 하신 것입니다.

인간을 용서하시는 일은 누구의 일입니까? 하나님의 일입니다. 하나님은 제사장이 직분을 열심히 감당하게 함으로 인간들을 향해서 용서하고 싶으신 겁니다. 죄를 짓는 인간들의 속성을 하나님은 잘 아십니다. 하나님은 그 백성들이 거룩한 씨앗으로 되기 전에 그들의 죄로 죽지 않기를 원하십니다. 하나님은 인생들을 용서하시고 바꾸셔서 인생들을 거룩한 자로 만들기를 원하십니다.

이 일을 책임질 자가 누구입니까? 제사장입니다. 이 일을 맡아 줄 자가 제사장이고 이 일은 하나님의 일입니다. 죄지은 백성들, 약한 백성들을 용서하고 싶어 하시는 가운데, 그들이 용서의 길목으로 나오게 하시는 그 일이 사실은 아론의 일이 아니라 하나님의 일이라는 것입니다. 하나님의 일을 맡은 것입니다. 그래서 제사장이라는 말 전에 우리가 어떤 단어에 좀 더 관심을 기울여야 합니까? 바로 '위임과 맡김' 이라는 단어에 관심을 더 기울여야 합니다. 하나님께서 모세에게 명령하십니다.

> "너는 내가 네게 한 모든 명령대로 아론과 그의 아들들에게 그같이 하여 이레 동안 위임식을 행하되"(35절)

위임식이 있는 7일 동안 소 7마리, 양 14마리를 죽입니다. 일주일 동안 매일 이 일을 하면서 아론과 그 아들들이 자신들이 맡을 사명의 중요성을 깨달을 것입니다. 죄의 문제를 어떻게 척결하는지에 대해 고민하며 7일 간을 보낼 것입니다.

하나님께서 인간의 죄를 사하시는 문제는 하나님께 중대한 문제입니다. 이 문제를 제사장에게 위임하시는 제도를 만드시고, 그 중요성을 위임식을 통하여 몇 번이고 인식시키고 계신 것입니다. 소보다 양보다 더 소중한 생명을 위한 일이므로 제사를 통해 용서의 길로 나아와야 한다는 것을 역설하고 계신 것입니다.

구약 전체의 숲에서 본다면, 출애굽기 29장은 제사장의 존재를 통해서 인간을 용서하는 길을 열기 시작하는 장입니다. 이전까지는 '단을 쌓았다', '번제를 한 번 드렸다' 등의 이야기가 나오는 것에 불과했는데 이제 본격적으로 속죄제, 번제 등 제사의 구체적 종류와 내용이 드러나고 있습니다.

인간들을 향한 용서의 길

하나님이 인간들을 향한 용서의 길을 여십니다. 용서하지 않으시면 그들 가운데 거하실 수 없기 때문입니다. "내가 그들의 하나님 여호와로서 그들 중에 거하려고 그들을 애굽 땅에서 인도하여 낸 줄을 알리라"(46절). 하나님이 백성들 가운데 거하시고 싶으신 것입니다. 백성들은 죄로부터 깨끗해야 합니다. 그러나 어느 인간들이 십계명의 내용들을 다 지킬 수 있을까요? 아마 없을 것입니다. 그러면 지키지 못하는 자에게 하나님이 거하실 수 없습니다. 그러므로 거하실 수 있는 길을 세우십니다.

구약 전체의 숲에서 본다면 출애굽기 29장은 제사장들을 통한 제사를 통해서 하나님이 죄인 된 인간들을 용납하시며 용서하시고자 하는 길을 열기 시작하시는 것입니다.

그 만남의 자리가 무엇이 있어야 가능합니까? 하나님의 용서가 있어야 합니다. 이 하나님의 용서와 함께 인간들에게 제사라는 방식의 최소한의 성의를 요구하시는 것입니다. 다행인 것은 그리하면 하나님이 받으신다는 것입니다. 그것을 받으셔서 거룩하게 여기신다는 것입니다.

용서의 길을 여시고 계십니다. 그 용서를 베푸실 최소한의 조건. 우리 입장에서는 너무 복잡한 조건이지만 하나님은 그 당시 백성들에게 요구하시는 최소한의 조건입니다. 인간 쪽에서 선택하고 행하고 나와야 할 조건이 바로 제사입니다. 제사를 통해서 인간들이 용서받을 길이 열리는 것입니다. 그러므로 그 제사를 통해서 하나님과 이스라엘 백성의 만남이 가능하게 되었습니다.

이 만남의 자리에 있어야 할 존재가 바로 제사장입니다. 그 제사장을 맡기기 위해서 먼저 지금 그 직임을 감당할 아론과 그 아들들을 위해서 하나님이 7일 동안 그들을 용납하고 용서하시는 속죄를 하게 하십니다. 중재자를 세우는 데 하루아침에 편안하게 세우시는 것이 아니라 이렇게 심사숙고하고 정밀하고 치밀하게 위임식을 해서 중재자를 세우시는 것입니다. 이 중재자는 바로 하나님 편에서와 인간 편에서의 만남의 자리입니다.

사실 아론과 그의 후손들에게는 이처럼 영광스러운 일이 있을까요? 하나님이 하실 일을 누가 대신 맡을 것입니까? 아론과 후손들입니다. 그것은 정말 영광스러운 일입니다.

꼭 필요한 중재자

하나님이 당신의 일을 맡기시기 위하여 얼마나 집요하고 치밀하게 한 사람을 세우시는지 보십시오. 한 제사장을 세우시는데 이렇게 열심히 치밀하게 애쓰시는 가운데 세우시는 것입니다.

"네가 그들에게 나를 섬길 제사장 직분을 위임하여 그들을 거룩하게 할 일은 이러하니 곧 어린 수소 하나와 흠 없는 숫양 둘을 택하고"(1절)

"너는 수송아지를 회막 앞으로 끌어오고 아론과 그의 아들들은 그 송아지 머리에 안수할지며"(10절)

여기에서 안수란 죄를 덮어씌운다는 의미입니다. 죄를 송아지에게 씌우는 것입니다. 하나님은 짐승들도 아끼시는 분입니다. 요나서에서 만나는 하나님은 사람뿐 아니라 당신의 피조물인 모든 생명들을 아끼시는 분입니다. 그러나 인간들의 살 길을 여시기 위해 짐승을 희생시키시는 것입니다.

사람 하나 세워지는 일이 이렇듯 쉽지가 않습니다. 속옷까지 구체적으로 설명하시면서 하나님은 인간의 죄를 사하는 길을 치밀하게 준비하고 계십니다. 우리는 이 부분에서 제사장 세워지는 일이 얼마나 쉽지 않은 과정인가를 새겨 둘 필요가 있습니다. 그래야 후에 사울이 하나님의 제사장을 죽인 일이 얼마나 엄청난 일을 저지른 것인지가 가슴에 와 닿을 것이고, 다윗이 하나님의 임명을 받은 왕을 끝까지 죽이지 않겠다고 하는 이유에 대해 공감하고 소중하게 생각할 수 있는 것이지요. 하나님이 이렇게 애써서 구별하여 세우신 사람을 죽이고 살리는 일이 예사로운 일이 아니라는 사실은 출애굽기 29장에 대한 깊은 묵상 후에 얻어지는 지식인 것입니다. 33-

34절을 보십시오.

> "그들은 속죄물 곧 그들을 위임하며 그들을 거룩하게 하는 데 쓰는 것을 먹
> 되 타인은 먹지 못할지니 그것이 거룩하기 때문이라 위임식 고기나 떡이 아
> 침까지 남아 있으면 그것을 불에 사를지니 이는 거룩한즉 먹지 못할지니라"
> (33-34절)

하나님께서 얼마나 철저히 순종을 요구하시는지를 엿볼 수 있는 구절인 것 같습니다. 제사장은 이토록 어려운 직업이고 소명이고 사명입니다. 이러한 정도의 일을 순종하지 못하면 평생 할 제사의 내용들, 소를 잡고 내장을 씻고 불로 구워 태우고 하는 일들을 순종할 수 있겠습니까?

> "내가 거기서 너희와 만나고 네게 말하리라 내가 거기서 이스라엘 자손을 만
> 나리니 내 영광으로 말미암아 회막이 거룩하게 될지라 내가 그 회막과 제단을
> 거룩하게 하며 아론과 그의 아들들도 거룩하게 하여 내게 제사장 직분을 행하
> 게 하며"(42-44절)

하나님께서 성소의 설계도를 제시할 때부터 지금까지 말씀하시기를 이 모든 것이 '너희와 만나고', '이스라엘 자손 중에 거하여 그들의 하나님이 되시기 위함'이라고 하십니다. 그 일의 중요성 때문에 제사장이 중재자로서 꼭 필요한 것이었습니다. 제사장 세우는 일이 아무리 쉽지 않은 일이라 하더라도 말입니다.

하나님과의 만남. 까다로운 위임식 이면에 담겨 있는 것은 하나님의 사랑입니다.

책임 맡은 사람은 주어진 책임 때문에
위험을 감수해야 할 경우도 있습니다

하나님께서는 돈을 모으는 방법,
그리고 돈을 낼 때의 마음가짐,
그리고 모은 돈의 사용처까지도 말씀해 주시는 치밀한 분이십니다.

출애굽기 30장에서는 향기로운 향을 드리는 이야기가 나옵니다. 하나님은 아론과 만날 속죄소에서 아침저녁으로 향기로운 향을 사르라고 하십니다. 이것은 출애굽기 29장에서 제사장 직분을 위임받은 아론과 그 아들들이 중재자로서 하나님의 요구에 따라 정신을 차리고 드려야 하는 일이었습니다. 회막에서 여호와의 영광을 뵙는 것은 실로 가슴 벅찬 일이지만, 자칫 잘못하면 죽음과 연결되는 일이기 때문입니다. 그들은 하나님이 지정하신 복장을 갖춘 다음 하나님 앞에 나아가야 하고 하나님의 정하신 향을 드려야 할 책임이 있습니다. 속죄소에서 하나님을 만난 아론과 그 아들들에게 사명을 주시고자 구별시키셨습니다.

죽음을 무릅쓰고 들어가는 곳

출애굽기 30장의 무대는 분향단입니다. 분향단은 성소, 그중에서도 지성소라고 부르는 보다 깊은 곳인 속죄소 바로 밖에 있습니다. 성막이라는 한 단어로 표현되고 있습니다만 실상 그 구조는 단순하지 않은 것이지요.

분향단에서는 피에 의한 제사가 아니라 향을 살라 분향하는 일이 행해집니다. 사실 양이나 소를 잡아 태우는 냄새는 독했을 것입니다. 그런데 분향단에서 향을 피워 향기로운 제사를 드릴 것이 요구되었습니다.

> "그 제단을 증거궤 위 속죄소 맞은편 곧 증거궤 앞에 있는 휘장 밖에 두라 그 속죄소는 내가 너와 만날 곳이며 아론이 아침마다 그 위에 향기로운 향을 사르되 등불을 손질할 때에 사를지며"(6-7절)

큰 틀로 본다면 이스라엘 백성과 하나님이 만나는 장소가 회막, 성막이요, 만나는 방법이 제사요, 이 일을 중재하는 자가 제사장이었습니다. 그 만남의 장소가 속죄소였습니다. 속죄소요, 회막입니다. 특히 속죄소는 대제사장인 아론만이 들어갈 수 있습니다.

이 귀한 책임을 맡은 아론은 더욱더 거룩하고 조심해야 했습니다. 1년에 한 번 하나님이 지정하신 속죄일에만 하나님이 지정하신 복장을 갖추고 지정하신 향을 들고, 아울러 씻고 들어가야 합니다. 아론만이 그곳에 들어가서 하나님을 만날 수 있는 것입니다. 다른 사람이 들어가면 죽고 아론도 지시하신 방법을 따르지 않으면 죽습니다.

백성을 하나님께 중보하기 위해 분향하러 성소에 들어가는 일도, 온 이스라엘의 죄를 속하기 위해 속죄일에 지성소에 들어가는 일도 혹 죽을지 모를 위험부담을 안고 맡은 사명을 위해 들어가는 것입니다.

> "그들이 회막에 들어갈 때에 물로 씻어 죽기를 면할 것이요 제단에 가까이 가서 그 직분을 행하여 여호와 앞에 화제를 사를 때에도 그리 할지니라 이와 같이 그들이 그 수족을 씻어 죽기를 면할지니 이는 그와 그의 자손이 대대로 영원히 지킬 규례니라"(20-21절)

분향단이라 할지라도 일 년에 한 차례씩은 아론이 향단의 불을 피로 발라야 했습니다. 아론과 그 자손이 잊지 말고 명심해서 지켜야 할 까다로운 절차였습니다. 책임 맡은 자에게 부여된, 결코 쉽지 않은 일이었습니다.

공평하신 하나님

> "네가 이스라엘 자손의 수효를 조사할 때에 조사 받은 각 사람은 그들을 계수할 때에 자기의 생명의 속전을 여호와께 드릴지니 이는 그것을 계수할 때에 그들 중에 질병이 없게 하려 함이라"(12절)

인구조사는 왜 하는 것일까요? 이는 조사받은 각 사람의 생명의 속전을 여호와께 드리기 위해서입니다. 살게 해 주신 것에 대한 감사의 예물로 기본 세금을 드리는 것과 같습니다. 이를 속전이라 하는데 하나님께서는 획일적으로 내라 하십니다. 이 말씀은 민수기에 나올 인구조사를 암시하는 것입니다. 곧 백성들 전체의 인구 수를 세어야 하는 것입니다.

"무릇 계수 중에 드는 자마다 성소의 세겔로 반 세겔을 낼지니 한 세겔은 이
십 게라라 그 반 세겔을 여호와께 드릴지며 계수 중에 드는 모든 자 곧 스무
살 이상 된 자가 여호와께 드리되 너희의 생명을 대속하기 위하여 여호와께
드릴 때에 부자라고 반 세겔에서 더 내지 말고 가난한 자라고 덜 내지 말지
며"(13-15절)

성경에서의 공평은 이러합니다. 평등의 종류로 설명하자면 상대적 평등
입니다. 즉 '같은 것은 같게, 다른 것은 다르게'의 평등입니다. 속전의 경
우 부자나 가난한 자를 구분하지 않고 모두 반 세겔로 획일화시키신 것은
모든 생명이 하나님 앞에 속죄함 받은 것은 빈부의 구별 없이 똑같기 때문
에 속전도 똑같이 내어야 한다는 이유에서입니다. 그리고 반 세겔은 가난
한 사람도 낼 수 있는 정도였습니다.

성경의 또 다른 부분에서는 소 가진 사람은 소로 내고, 새 가진 사람은
새로 내라고 하시며 가진 재물에 따라 드려야 할 것을 구별해 주십니다. 하
나님의 공평은 원칙과 배려를 겸유한 공평입니다.

"너는 이스라엘 자손에게서 속전을 취하여 회막 봉사에 쓰라 이것이 여호와
앞에서 이스라엘 자손의 기념이 되어서 너희의 생명을 대속하리라"(16절)

중요한 것은 그 돈을 거둬서 회막 봉사에 쓰라고 하신 점입니다. 돈을
적절한 곳에 쓰는 것까지 명하시고, 이 쓰는 것까지 포함하여 여호와 앞에
기념이 된다고 하신 점을 기억해야겠습니다.

하나님께서는 돈을 모으는 방법, 돈을 낼 때의 마음가짐, 그리고 모은
돈의 사용처까지도 말씀해 주시는 치밀하신 분이십니다. 그런데 요즘 교회
들의 살림살이의 씀씀이를 보면 돈을 모으는 방법은 발달해 있는데 쓰는
방법은 그렇지 못한 것 같습니다. 물론 아름다운 향기를 발하도록 돈을 쓰

고 있는 교회도 무척 많습니다. 더욱 힘쓰고 조심하자는 뜻에서 제안하는 이야기입니다.

하나님의 마음으로 돈이 사용되어야 할 곳을 바라보았으면 합니다. 교회 안의 집기 늘리는 일과 부서별 친목 다지는 일에 먼저 돈을 쓰고 그 다음에 남는 것으로 어디에 쓸까 생각하기보다는 먼저 우리 사회, 특히 자본주의와 자유경쟁이 지배하는 사회가 감당하지 못하는 역할을 교회가 일정 부분 감당해 주었으면 좋겠다는 생각이 듭니다.

사실 몇 명의 뜻 있는 사람의 의지만으로 충분히 가능한 일 아니겠습니까? 바닷물을 썩지 않게 하는 것은 바닷물에 섞여 있는 3%의 소금 때문입니다. 사실 소금이 너무 많아도 생물이 살 수가 없지요. 더도 말고 3%의 용기 있는 사람들이 되었으면 합니다.

하나님을 사랑하고 평생 하나님의 뜻을 따르며 살기로 결심한 바에는 하나님께서 정말로 기뻐하실 일을 좇아 살고 싶습니다. 3%의 소금 중 일부가 되어 바다에 생명을 불어넣으며 살 것인가, 아니면 지금껏 해 온 방식이라는 이유로 그냥 떠밀려 같이 흘러가며 살 것인가는 우리들의 선택의 문제일 것입니다.

가장 열려 있고, 가장 창조적이어야 할 교회가 가장 닫혀 있고 가장 식상한 모습을 하고 있는 것으로 세상에 내비쳐지는 이유는 무엇일까요? 세상을 향한 관심과 따뜻한 시선 없이 교회 예배당 안에서 교인들 얼굴만 서로 바라보고 있기 때문이 아닌가요? 교회 안이든 교회 밖이든 돈은 흔합니다. 그러나 그 돈을 귀하게 쓸 줄 아는 사람과 단체와 지도자는 많지 않습니다. 분향단에서 나는 향기만큼 아름다운 향기가 오늘날 기독인들로부터 피어나야 하는 것 아니겠습니까?

마치 하나님이 모세와 아론을 불러 세우셨듯이
또한 브살렐과 오홀리압을 지명하여 세우셨습니다

하나님께서 필요한 사람을 세워 갈 때는
상하 관계나 높낮이 개념이 아니라
역할의 측면을 중요시 하는 것 같습니다.

성막의 모든 제도와 제사장이 행할 규례를 일러 주신 하나님은 행함의 주제를 말씀하십니다.

안식일을 지키는 것은 하나님과 이스라엘 사이의 영원한 표징입니다. 그런데 이것은 이스라엘 백성이 지킬 때 유익한 것입니다. 마치 아브라함이 하나님께서 주신 언약의 표징으로서의 할례를 행한 것이 그에게 복이었던 것처럼 말입니다.

또한 하나님은 순종하여 행할 사람을 지명하십니다. 출애굽의 역사가 이루어지는 6개월 동안 모세와 아론을 사용하셨던 하나님은 이제 6개월 정도의 기간이 필요한 성막 제조를 위해 브살렐과 오홀리압을 세우십니다. 이제 우리의 관심은 이후 이스라엘 백성이 하나님의 말씀대로 행할 것인가에 모아지게 됩니다.

땀 흘리는 일

출애굽기 31장은 행함을 위한 장이라고 볼 수 있습니다.

지금 시내 산 중턱에 머물고 있는 공동체를 향하여 하나님이 여러 가지 말씀을 모세를 통해 하고 계신 중에 중요한 한 가지 사실을 밝히십니다. 그것은 법궤를 비롯, 식양대로 만드는 작업을 주도할 지도자를 밝히시는 것입니다. 모든 작업을 실제로 행할 사람을 세우는 것입니다. 만들기 위해서 모든 식양의 조건을 주셨는데, 이것들은 행함이 없으면 아무 소용이 없습니다. 여기에서 브살렐과 오홀리압을 세우시고 행함을 강조하십니다. 모든 작업에 브살렐과 오홀리압이 앞장서서 행하는 것이지요.

> "내가 유다 지파 훌의 손자요 우리의 아들인 브살렐을 지명하여 부르고 하나님의 영을 그에게 충만하게 하여 지혜와 총명과 지식과 여러 가지 재주로 정교한 일을 연구하여 금과 은과 놋으로 만들게 하며"(2-4절)

뒤에 가서 보면 6개월 정도 걸쳐서 진행될 회막, 증거궤, 속죄소, 분향대, 번제단, 물두멍, 제사장 의복, 아론의 성의, 관유, 성스러운 향 등 크게 나누어서 10개 이상 되는 작업입니다.

출애굽이 대략 반 년 안에 이루어진 사건이고 시내 산에 머물면서 식양을 받은 기간이 40일 정도입니다. 이제 식양대로 법궤 등을 만드는 일에 다시 반 년이 필요합니다. 시간의 숲에서 보면 식양을 받는 40일을 중간에 두고 이전 6개월이 모세와 아론의 지도력 하에 출애굽이 전개되었다면, 이후 6개월은 이제 브살렐과 오홀리압의 주도하에 성막 제조 사업이 진행됩니다. 성막 자체의 중요성과 성막 제조에 걸리는 기간을 고려할 때 브살렐과 오홀리압은 분명 양지녘 가랑잎 아래 감추어진 귀한 사람들인 것입니다.

이제 이스라엘 공동체에서 6개월 정도 가장 중요한 '만드는 일'을 오홀리압과 브살렐에게 하라고 하는 것입니다. 여호와께서 모세와 아론을 부르셔서 출애굽의 일들을 맡기셨고 행하게 하셨다면, 회막과 그 쓸 만한 모든 것들, 법궤, 그리고 그곳에서 입어야 할 옷가지들, 이 중대한 것들을 맡기실 때는 브살렐과 오홀리압을 부르셨습니다. 하루 이틀 정도 만들 분량을 주신 것이 아니라 6개월 정도의 기간 동안에 할 중대한 일을 주시는 것입니다.

우리 하나님이 이스라엘 백성이라는 공동체를 세우는 그 위대한 일을 행하실 때 꼭 지도자로 모세와 아론만을 세우신 것이 아닙니다. 모세와 아론이 중요하지만, 모세와 아론은 듣고 와서 전달할 뿐, 이 귀하고 정교한 작업에는 다른 지도자가 필요한 것입니다. 하나님께서는 이스라엘 공동체를 똑바로 세우기 위해서 많은 지도자를 세우셨습니다.

여기에서 브살렐과 오홀리압의 지도력은 굉장히 중요한 지도력입니다. 마치 하나님이 모세와 아론을 불러 세웠듯이, 브살렐과 오홀리압 또한 하나님이 지명하여 불러 세웠다는 사실입니다. 중요하다고 얘기할 때는 그 일이 이루어지는 기간, 그 일이 후손에게 미치는 의미나 영향력을 고려했을 때의 평가입니다. 그 일은 한두 명에게 미치는 것이 아니고 수많은 사람에게 영향력을 미치는 소중한 일인 것입니다. 그런고로 그 일을 감당할 사람은 위대한 지도자라고 할 수 있습니다.

하나님께서 백성들이 이루어 가는 역사 가운데 필요한 사람을 세워 갈 때는 상하 관계나 높낮이 개념이 아니라 역할의 측면을 중요시하는 것 같습니다.

하나님의 배려

이제 성막을 만들 것을 명령하시는 마당에 하나님께서는 다시금 안식일을 강조하고 계십니다.

> "너희는 안식일을 지킬지니 이는 너희에게 거룩한 날이 됨이니라 그 날을 더럽히는 자는 모두 죽일지며 그 날에 일하는 자는 모두 그 백성 중에서 그 생명이 끊어지리라"(14절)

'그날을 더럽히는 자는 죽일지니' 라고까지 하시면서 안식일을 강조하십니다. 왜 이 시점에 이 말씀을 하셨을까요? 아마도 '성막 짓기' 라는 대사업이 시작되면 그 일의 중대성 때문에, 또한 하나님의 일이라는 이유로 주일날에도 일할 가능성이 있다는 것입니다. 하나님께서는 그러할 여지가 있음을 미리 보시고 일주일에 하루는 반드시 쉬어야 한다는 것을 힘주어 말씀하시는 것입니다.

성막을 설계하신 분도 하나님이시지만 인간의 몸을 설계하신 분도 하나님이십니다. 인간의 몸은 일주일에 하루는 쉬어야 한다는 것을 너무나 중요한 성막 짓기에 앞서서 말씀하시는 것은 인간의 몸에 대한 하나님의 배려인 것입니다.

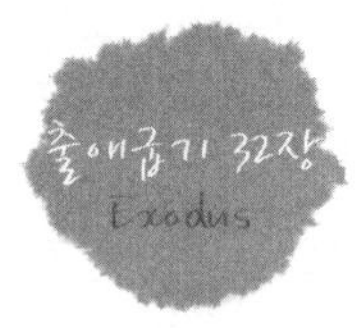

매일 하늘에서 만나를 내려 주고 계신데
왜 그리도 마음이 조급했을까요?

기다린다는 일은 쉽지는 않지만
정한 때까지 참고 끝까지 기다리지 않으면
그동안 기다린 것이 아무 소용이 없는 것이지요.

하나님은 모세를 시내 산으로 부르십니다. 시내 산 정상에서는 하나님이 이스라엘 백성을 향한 놀라운 계획을 준비하시는데, 산 중턱의 이스라엘 백성들은 모세를 기다리지 못하고 하나님이 명하신 가장 큰 계명 중 첫 번째, 두 번째 계명을 범합니다. 이처럼 모세를 기다리지 못하고 만든 우상은 하나님의 백성 된 이스라엘이 만든 첫 번째 우상이었습니다.

이스라엘 백성들의 초대 위기 사건이 사실은 그 백성의 '외적인 요인'이 아니라 '내적인 요인'에 있었습니다. 애굽에 있을 때도 이런 위기 사건은 없었습니다. 하나님이 다 보호하시니까 아무 문제가 없었습니다. 그러니까 백성들 입장에서는 애굽이 제일 무서웠을 것입니다. 그러나 평면으로 놓고 보면 애굽의 문제는 아무것도 아니었고, 가나안 일곱 족속의 문제도 아무것도 아닙니다. 사람의 문제, 주거의 문제도 아닙니다. 이스라엘 최대의 위기는 이스라엘 내의 우상숭배 문제로부터 발생했습니다.

모세를 부르셔서 여호수아가 사역을 마칠 때까지 그 기간에 최대의 위기를 꼽으라면 이 금송아지 사건인 것 같습니다. 왜냐하면 하나님께서 진멸을 언급하셨기 때문입니다. 그만큼 분노하셨습니다. 사실은 아직 성막을 만들지는 않았습니다만 하나님이 함께하시기 위하여 명하셨던 성막이 주인 없는 빈 천막이 될 뻔한 위기의 순간을 넘기고 있는 장면입니다.

이 일은 하나님의 계명을 지키지 못한 백성들에게 자기 가족과 혈육을 직접 죽여야 하는 비극적 결과를 가져다주었습니다. 모세의 간청으로 진멸의 위기를 모면하지만 언약 백성이 되었음에도 불구하고 죄를 범한 그들에게 하나님은 반드시 보응할 것을 밝히십니다. 이후 열왕기에서는 우상 문제가 이스라엘의 존폐를 결정하는 가장 큰 문제가 됩니다.

그 새를 못 참고

출애굽기 24장에서 '여호와의 모든 말씀을 다 준행하리라' 했던 백성들이 하나님의 놀라운 계획을 기다리지 못하고 큰 죄를 저지릅니다. 시내 산 정상에서는 우리 하나님께서 그들을 향한 놀라운 계획을 가지고 계시는데 시내 산 중턱에서는 하나님의 계획을 알지 못한 채 엉뚱한 일을 하고 있습니다. 지금 사십 일 사십 야 동안 시내 산 정상에서는 이스라엘과 함께할 너무 놀라운 하나님의 비전과 설계도가 착착 진행되고 있는데, 시내 산 중턱에서는 하나님의 비전은 온데간데없고 엉뚱한데 애를 쓰고 있습니다.

백성이 모세가 산에서 내려옴이 더딤을 보고 모여 아론에게 말합니다.

> "일어나라 우리를 위하여 우리를 인도할 신을 만들라 이 모세 곧 우리를 애굽
> 땅에서 인도하여 낸 사람은 어찌 되었는지 알지 못함이니라"(1절)

팔순이 넘은 모세가 시내 산 꼭대기에서 하나님의 말씀을 듣는 40일간은 얼마나 두렵고 떨리는 기간이었겠습니까? 그 세밀하고 놀라우신 하나님의 비전과 계획 앞에 시간 가는 줄도 모르고 하나님의 말씀을 받고 있었을텐데, 아래에서 기다리고 있는 백성들은 모세가 산에서 내려오는 것이 더디다고 그 새를 못 참고 어리석은 일을 저지릅니다. 모세가 올라 간지 단 며칠 만에 꾸민 일은 아닐 것입니다. 아마 모세가 내려올 때가 다 되어 갈 때쯤이었겠지요.

기다리는 일은 쉽지는 않지만 정한 때까지 참고 끝까지 기다리지 않으면 그동안 기다린 것이 아무 소용이 없는 것이지요. 매일 하늘에서 만나를 내려 주시고 계신데 왜 그리도 마음이 조급했을까요?

아론이 그들에게 말합니다.

> "너희의 아내와 자녀의 귀에서 금 고리를 빼어 내게로 가져오라"(2절)

모든 백성이 그 귀에서 금고리를 빼어 아론에게로 가져오자, 아론이 그들의 손에서 그 고리를 받아 부어서 조각칼로 새겨 송아지 형상을 만듭니다. 그러자 그들이 말합니다.

> "이스라엘아 이는 너희를 애굽 땅에서 인도하여 낸 너희의 신이로다"(4절)

시내 산 꼭대기에서는 지금 하나님께서 이스라엘 백성들이 가지고 있는 금과 은이 소중한 일에 쓰이도록 준비하고 계십니다. 그런데 이들은 엉뚱한 곳에 자신들의 재물을 쓰고 있습니다. 시내 산 정상에서는 지금 하나님께서 아론을 목욕시킬 물, 속옷, 겉옷, 아론이 걸어야 할 흉패, 에봇 등 너무나 세밀한 준비를 진행 중인데 아론은 산 중턱에서 어리석은 백성들의 군중심리에 휘말리고 있습니다.

아론이 보고 그 앞에 단을 쌓고 이에 공포합니다.

"내일은 여호와의 절일이니라"(5절)

이튿날에 그들이 일찍 일어나 번제를 드리며 화목제를 드리고 앉아서 먹고 마시며 일어나서 뛰놉니다.

여호와의 절기를 자기들 마음대로 바꾸어 버립니다. 그리고 금송아지 앞에 번제를 드리고 화목제를 드립니다. 하나님은 분명히 정하신 단에서 정하신 향불을 드리라 하였는데 말이지요. 그들은 분명 40일 전에 있었던 일을 생각했어야 했습니다. 불과 한 달 열흘 전 하나님과 맺었던 계약을 말입니다. 그 계약을 맺기 전 이틀에 걸쳐 성결케 하기 위한 준비를 하고 시내 산 중턱에서 하나님과 만났을 때, 하나님께서 음성으로 친히 귓전에 들려주셨던 말씀을 기억해야 했습니다. "너를 위하여 새긴 우상을 만들지 말고 또 위로 하늘에 있는 것이나 아래로 땅에 있는 것이나 땅 아래 물 속에 있는 것의 어떤 형상도 만들지 말며 그것들에게 절하지 말며 그것들을 섬기지 말라"(20:4-5)라고 하셨던 십계명의 계명을 정면으로 위배했습니다. '너희를 위하여' 신상을 만들지 말라는 하나님의 생생한 당부를 뒤로한 채 '우리를 위하여' 신상을 만들 것을 아론에게 요청한 것이고, 아론은 그들의 요구를 수용하였던 것입니다.

산 위의 진노

산 아래에서의 참혹한 광경을 살피신 하나님께서 진노하시며 모세에게
말씀하십니다.

자초지종도 잘 모른 채 하나님의 이 선언을 들은 모세는 당황하여 '어찌
하여'를 연발합니다. 그러면서 곧 하나님과 이스라엘 백성 사이에서 중보
를 시도합니다.

모세가 하나님의 마음을 헤아리고 있는 모습이 보이지 않습니까?

애굽으로부터 어떻게 빼낸 백성들인데 하나님께서 진멸하고 싶으시겠
습니까? 모세는 자신의 목소리를 통하여 하나님의 마음을 전함으로써 그
분의 안타까운 마음 앞에 호소하고 있습니다. 모세가 흥분해서 '그리하소
서'라고 했다면 상황이 더 곤란해졌을 것입니다.

모세는 위기의 순간에 지혜를 발휘하고 있습니다.

모세가 하나님께 상기시키고 있는 아브라함과 이삭과 이스라엘이 어떤 사람들입니까? 비록 40일을 못 기다린 어리석은 이스라엘 백성들이지만 그래도 기다림의 달인이었던 아브라함의 후손이라는 것을 좀 기억해 주십사 하고 머리를 조아리고 있는 것입니다.

하나님께서는 모세에게 '너의 백성'이 부패하였다고 진노하셨지만 모세는 그래도 '주의 백성'이니 긍휼을 베풀어 용서해 달라고 간절히 매달립니다. 모세는 하나님의 계획을 하루아침에 날려 버릴 만한 일을 한 이스라엘 백성들이라 할지라도 하나님의 사람들이라는 생각을 하고 하나님 앞에 용서받을 자로 보고 있는 것입니다.

오늘 이 시대에 사는 이 세상의 모든 죄인들은 하나님의 '용서의 대상들'입니다. 그러므로 그들을 하나님의 용납하심과 용서하심의 대상자로 바라보지 못한다면 우리 또한 바리새인의 자리에 머무르게 될 것입니다.

모세는 한 걸음 더 나아가 하나님의 체면을 걱정합니다.

> "어찌하여 애굽 사람들이 이르기를 여호와가 자기의 백성을 산에서 죽이고 지면에서 진멸하려는 악한 의도로 인도해 내었다고 말하게 하시려 하나이까 주의 맹렬한 노를 그치시고 뜻을 돌이키사 주의 백성에게 이 화를 내리지 마옵소서"(12절)

애굽 사람들은 이스라엘을 원수로 생각하고 이스라엘 백성들이 잘못되기만을 바라고 있을 것입니다. 그런데 이 일로 인하여 애굽 사람들은 '저들의 신 여호와가 이스라엘 백성들을 데려가더니만 죽이고 말았구먼' 하며 하나님을 조롱하며 비웃을까 걱정이 된다는 것이지요. 모세는 이 사건으로 인해 하나님의 체면이 깎일 것을 걱정하고 있습니다. 마음 아파하고 있습니다. 단지 하나님의 진노가 두려워 그 진노를 막고 피해 보려고 올리는 기도가 아닌 것입니다. 모세의 이 중재를 들으신 하나님께서 마음을 돌이키십니다.

산 아래의 진노

그러나 진에 가까이 이르러 송아지와 그 춤추는 것을 보고 대노한 모세는 손에서 그 판들을 산 아래로 던져 깨뜨립니다. 모세가 그들이 만든 송아지를 가져 불살라 부수어 가루를 만들어 물에 뿌리고 이스라엘 자손에게 마시게 합니다. 그리고 레위 자손으로 하여금 3천 명가량을 죽이게 합니다. 정말로 살벌한 장면입니다.

모세는 다시 산 위로 올라가 하나님께 기도합니다.

> "슬프도소이다 이 백성이 자기들을 위하여 금 신을 만들었사오니 큰 죄를 범하였나이다 그러나 이제 그들의 죄를 사하시옵소서 그렇지 아니하시오면 원하건대 주께서 기록하신 책에서 내 이름을 지워 버려 주옵소서"(31-32절)

여호와께서 모세에게 이르십니다.

> "누구든지 내게 범죄하면 내가 내 책에서 그를 지워 버리리라"(33절)

모세는 쉽지 않은 결단을 하였습니다. 아론이 백성과 타협하여 하나님 앞에 범죄한 그 자리에서 전쟁을 선포하고, 하나님의 입장에 서서 사람들을 죽였습니다. 하나님과 백성들 사이에서 주어진 책임을 감당하고 백성과 타협하지 않았습니다. 자신의 형이 개입된 일이기 때문에 간단하게 내린 결단은 아니었을 것입니다. 하나님께로부터 아론과 그의 후손들이 감당해야 할 책임의 내용을 이미 들은 마당에 아론의 문제를 어떻게 처리해야 할지 난감했을 것입니다. 그런 상황에서 모세의 가슴 타는 중재로 이스라엘 백성이 진멸의 위기를 모면하게 됩니다.

하나님의 진심이 무엇인지 읽어 내는 사람이
하나님의 일을 하는 것 같습니다

> 하나님은 속과 겉 모두를 철저히
> 하나님 중심으로
> 바꾸길 원하고 계시는 것 같습니다.

출애굽기 32장에서 이스라엘이 민족으로 형성된 이후 최대의 위기를 겪는 것을 보았습니다. 십계명을 중심으로 한 계약이 있고 난 지 불과 40일 만에 우상을 만들어 버렸기 때문입니다. 그 위기는 이스라엘을 진멸하겠다는 하나님의 선언이었습니다. 모세의 간절한 중재로 하나님은 이 선언을 거두시지만 이번에는 가나안으로 가는 길에 동행하지 않겠다고 하십니다. 이스라엘을 통해 이루려 하시는 하나님의 원대한 꿈이 사라지게 될 긴장된 순간인 것입니다. 그러나 이때 하나님의 상한 마음을 깊이 헤아린 모세의 눈물 어린 간구와 이스라엘 백성의 겸비함은 하나님의 동행 거부 선언을 동행 결정으로 바꾸게 합니다. 하나님의 이 결심은 하나님과 이스라엘의 관계 회복을 예고하는 것이기도 합니다.

동행 거부와 동행 결정

하나님이 동행을 거부하십니다.

"함께 가지 아니하리라."

"아닙니다. 함께 가셔야 합니다."

금송아지 사건 이후 이스라엘 백성에 대한 하나님의 마음이 급격히 얼어붙었습니다. 여호와께서 모세에게 이르십니다.

> "너는 네가 애굽 땅에서 인도하여 낸 백성과 함께 여기를 떠나서 내가 아브라함과 이삭과 야곱에게 맹세하여 네 자손에게 주기로 한 그 땅으로 올라가라 내가 사자를 너보다 앞서 보내어 가나안 사람과 아모리 사람과 헷 사람과 브리스 사람과 히위 사람과 여부스 사람을 쫓아내고 너희를 젖과 꿀이 흐르는 땅에 이르게 하려니와 나는 너희와 함께 올라가지 아니하리니 너희는 목이 곧은 백성인즉 내가 길에서 너희를 진멸할까 염려함이니라"(1-3절)

그들을 진멸하시겠다는 결심이 모세의 간절한 중재로 바뀌긴 하였지만, 이번에는 동행하지 않으시겠다는 뜻을 내비치십니다. 그러나 "너희를 젖과 꿀이 흐르는 땅에 이르게 하려니와"라는 말씀에서 알 수 있듯이 아브라함과의 약속을 계속 지키려 하시는 것이 하나님의 속마음이었습니다. 모세가 이 뜻을 읽었습니다.

하나님의 진심이 무엇인지 읽어 내는 사람이 하나님의 일을 하는 것 같습니다. 바울도 하나님의 속마음을 읽고 로마서에서 밝히고 있습니다. 예수님을 십자가에 못 박았던 불순종한 유대인들이 돌아오기를 바라시는 것이 하나님의 마음이라고 말입니다.

모세가 '하나님의 뜻이오니 하나님 뜻대로 하옵소서!' 하고 물러섰다면 어찌 되었을까요? 모세는 하나님의 마음 깊은 곳을 읽어 내고는 하나님의 동행 거부의 뜻을 돌이키실 것을 강력하게 간구합니다. 그러자 하나님께서 모세에게 당부하십니다.

"이스라엘 자손에게 이르라 너희는 목이 곧은 백성인즉 내가 한 순간이라도 너희 가운데에 이르면 너희를 진멸하리니 너희는 장신구를 떼어 내라 그리하 면 내가 너희에게 어떻게 할 것인지 정하겠노라"(5절)

그러므로 백성이 이 황송한 말씀을 듣고 슬퍼하여 한 사람도 그 몸을 단장하지 아니합니다. 3천 명이 죽는 모습을 본 후에야 백성들이 정신을 차린 것입니다. 3천 명이 죽은 것 그 자체는 피비린내 나는 비극적 사건이었지만 그 일이 백성 전체를 깨우치는 계기가 되어 이제 스스로 단장품을 조심하고 있습니다.

단장품은 애굽 사람들의 삶의 습성을 따른 복장 양식입니다. 사람의 옷매무새는 그 사람의 정신 상태까지 은연중에 대변하는 법이지요. 이스라엘 백성들에게 아직도 애굽에서의 근성이 남아 있었다는 뜻입니다. 사실 금송아지를 만든 것도, 오래 참지 못하고 쉽게 포기하는 애굽에서의 노예근성에서 나온 일이었지요. 이제 하나님은 속과 겉 모두를 철저히 하나님 중심으로 바꾸길 원하고 계시는 것 같습니다. 이스라엘 백성이 여기서 단장품을 제해 주는 것은 참으로 감사한 일입니다. 이스라엘 백성들이 3천 명이 죽은 사건을 놓고 하나님 앞에 더 큰 반성의 기회인 줄 알고 단장품을 제거

했다는 사실, 이것이 아주 중요한 것 같습니다. 동행 거부에서 동행 결정으로 바꾸시는 아주 중요한 이유가 바로 이것인 것 같습니다. 동행 거부에서 동행 결정으로 하나님의 마음이 바뀌시는 데는 모세의 중재와 이스라엘 백성들의 회개가 곁들어 있다고 볼 수 있습니다.

사실, 하나님은 같이 가고 싶으셨습니다. 하나님이 이스라엘 백성과 동행하지 않겠다 하신 이유는 하나님께 있는 것이 아니라 이스라엘 백성에게 있었습니다. '동행 거부'. 어떤 면에서는 하나님이 매몰차게 느껴지는데, 동행 거부 이유가 사실은 이스라엘 백성에게 있었습니다. 그렇다면 '동행 결정 이유', 그것은 사실 모세가 만들어 냅니다.

이스라엘 백성이 먼저 겸비함으로써 문제 해결의 실마리를 제공하자 하나님께서 좋아하시는 것 같습니다. 잘못하고 야단을 맞으면서 고치겠다고 하니 그 고치겠다는 마음을 곱게 보신 것입니다.

후에 보면, 북이스라엘 왕 아합의 범죄함이 극에 달했음에도 불구하고 스스로 베옷을 입으니 하나님께서는 그 모습만으로도 기뻐하셨습니다. 그리고 도리어 엘리야에게 '아합이 베옷을 입은 것을 봤느냐?' 라고 물으십니다(왕상 21:27-29). 하나님은 그런 분이십니다. 엄청난 잘못을 저지르고도 아주 작은 뉘우침의 결심만 있으면, 그것을 보시고 마음을 돌이키시는 하나님. 어쩌면 하나님께서는 이미 마음을 돌이키실 작정이셨는지도 모릅니다.

모세가 하나님의 상한 마음을 헤아리고 조심조심 긍휼을 구하는 그런 모습을 통해서 하나님의 마음이 동행 거부에서 동행 결정으로 바뀌신다고 봐야 합니다.

내가 너로 편케 하리라

하나님께서 모세에게 명하여 바로를 설득하라는 이유가 무엇이었습니까? 이스라엘 백성은 '내 백성'이라는 것 아니었습니까? 그런데 금송아지 사건 이후 하나님께서 '네가 이끌어 낸 백성들을 데리고 너희끼리 가라'라고 하시니 모세는 속이 타서 이 백성을 '주의 백성'으로 여겨 달라고 간청하고 있습니다.

> "내가 참으로 주의 목전에 은총을 입었사오면 원하건대 주의 길을 내게 보이사 내게 주를 알리시고 나로 주의 목전에 은총을 입게 하시며 이 족속을 주의 백성으로 여기소서"(13절)

"이 족속을 주의 백성으로 여기소서"라고 했는데, 그 전에 하나님이 모세를 통해서 바로에게 '내 백성'이라고 말씀하셨습니다. 그때도 이들은 흠과 허물이 많았습니다. 그러나 그때도 '내 백성을 보내라'고 말씀하셨습니다. 그런데 여기에서는 '내' 자를 빼 버리시고 '이 백성'이라고 하십니다. 모세가 그 얘기를 가만히 듣고 있다가 '이 백성을 주의 백성으로 여기소서'라고 말하는 것입니다.

하나님의 마음을 놓치지 않고 따라가니 하나님께 무엇을 간구해야 할지도 정확히 파악해 내는 모세입니다. 아마 사울 왕 같은 사람이었으면 이 평지풍파의 틈바구니에서 아예 자기 백성을 만들어 버렸을지도 모르겠습니다. 그러나 모세는 하나님께서 이스라엘 백성을 얼마나 '내 백성'으로 여기고 아끼시는지 알고 있기에 하나님의 본심으로 돌이키셔서 용서해 주십사고 간청하고 있는 것입니다.

하나님께서 응답하십니다.

동행해 달라는 모세의 요청을 들어주시면서 하나님은 덧붙여 말씀하십니다. 너를 쉬게 해 주겠다고. 함께 가겠다는 말씀만으로도 모세의 마음은 벌써 편안해졌을 터인데 그 마음을 또 미리 아시고 쉬게 해 주겠다고 하십니다. 이스라엘과 하나님의 사이가 좋으면 좋을수록 모세의 마음은 편한 것이니까요. 하나님을 위로하는 모세 그리고 모세를 위로하시는 하나님. 하나님과 모세의 아름다운 동행을 보게 됩니다.

우리가 지금껏 읽으며 느껴 온 바이지만 하나님과 모세 사이는 보통 사이가 아닌 것 같습니다. 하나님의 마음을 헤아리는 자만이 받을 수 있는 아름다운 선물인 것 같습니다.

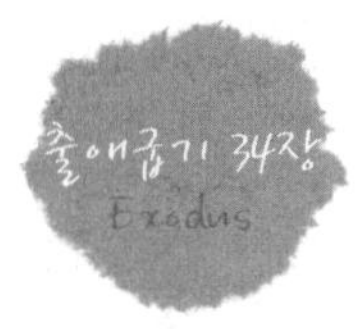

하나님께서 깨어질 뻔한 관계에 있었던 사람들과
다시 하나님의 비전을 확인하고 계십니다

출애굽기 34장에서 목격되는
또 한 가지의 놀라운 일은
백성들이 40일 동안 모세를 기다렸다는 것입니다.

숲에서 바라본 출애굽기 34장을 한 마디로 말하라고 하면 '관계 회복 후 비전 확인'이라 할 수 있습니다. 거의 가능성이 없어 보이던 하나님과 이스라엘 백성의 관계가 출애굽기 33장에서 회복의 기미를 보이더니 이 장에서는 완전히 회복된 것입니다. 나아가 회복된 관계의 기반 위에서 하나님은 아브라함 때부터 시작된 하나님의 비전을 다시 확인하십니다(11절).

더불어 관계 회복의 기반이 되는 또 하나의 사건은 이스라엘 백성이 두 번째 시내 산에 올라가 머문 '40일 동안' 모세를 기다려 준 것입니다. 이

기다림은 하나님과 이스라엘 백성이 다시 가까워질 수 있는 계기가 되었고, 이를 통해 하나님의 비전이 지속될 수 있었습니다. 출애굽기 34장의 이 사건은 하나님이 당신의 비전을 이루어 가시는 데 큰 기반이 되고 있습니다.

관계 회복 후 비전 확인

하나님께서 깨어질 뻔한 관계에 있었던 사람들과 다시 하나님의 비전을 확인하고 계십니다.

> "너는 내가 오늘 네게 명령하는 것을 삼가 지키라 보라 내가 네 앞에서 아모리 사람과 가나안 사람과 헷 사람과 브리스 사람과 히위 사람과 여부스 사람을 쫓아내리니 너는 스스로 삼가 네가 들어가는 땅의 주민과 언약을 세우지 말라 그것이 너희에게 올무가 될까 하노라"(11-12절)

사실 지금까지 '가나안 땅에 들어가게 해 주겠다', '동행하겠다' 라고만 말씀하셨는데, 이제는 현재 그곳에 살고 있는 사람을 '쫓아내리라' 고 말씀하십니다. 하나님의 비전을 확인시켜 주시는 것이며, 이는 하나님과 이스라엘과의 관계가 회복되었다는 전제가 깔려 있는 것입니다. 게다가 '거기 가서 계약을 맺지 말라' 는 이야기는 이미 그곳에 간다는 것이 전제된 이야기가 아닙니까? 이스라엘 백성들의 입장에서 '이제는 됐구나' 싶었을 것입니다. 하나님께서 이스라엘 백성들을 기업으로 삼으시겠다는 것입니다. 하나님께서 기업으로 삼고 그들을 용납하신 것입니다. 하나님의 기업은 하나님의 비전입니다.

우리가 꿈을 처음에 품을 때에는 얼마나 막연합니까? 어떤 일을 해야지, 어디를 꼭 가야지 하고 연필로 한 번 그려 보는 것부터 시작하지요. 그런데 그런 일을 하려면 서류가 뭐가 필요하고 현재 그 분야의 상황은 어떠하다는 이야기를 듣는다든지, 그곳에 가면 이러저러한 일이 있을 거라는 기초지식을 듣는다든지 하는 것만으로도 얼마나 가까운 장래에 꿈이 실현될 것 같은 설렘이 있습니까? 집을 처음 장만하는 사람이 아직 계약조차 하지 않은 상황에서 모델하우스만 봐도 잠을 설치는 것 아니겠습니까? 하나님께서 가나안 땅에 들어가서 지켜야 할 일을 말씀하시니 이스라엘 백성들의 입장에서는 안도의 한숨을 몰아쉴 일이었을 것입니다.

출애굽기 34장은 말로만 듣던 가나안을 향한 꿈에 대해 조금 더 구체적으로 듣는 흥분과 전율이 있는 장입니다.

> "너는 엿새 동안 일하고 일곱째 날에는 쉴지니 밭 갈 때에나 거둘 때에도 쉴지며 칠칠절 곧 맥추의 초실절을 지키고 세말에는 수장절을 지키라 너희의 모든 남자는 매년 세 번씩 주 여호와 이스라엘의 하나님 앞에 보일지라 내가 이방 나라들을 네 앞에서 쫓아내고 네 지경을 넓히리니 네가 매년 세 번씩 여호와 네 하나님을 뵈려고 올 때에 아무도 네 땅을 탐내지 못하리라"(21-24절)

일 년에 세 차례 모이라는 요구 역시 가나안 땅에 들어갈 것을 전제로 하시는 말씀입니다.

일 년에 세 차례 모이는 이 모임은 온 지파를 초월합니다. 그리고 이스라엘이 공동체성을 유지하는 데 크게 기여합니다. 성경 전체에서 본다면 이러한 일 년 세 차례의 회동을 통하여 중대한 사건이 많이 일어납니다. 사도 바울은 주로 예루살렘 밖에 나가서 사역을 했었습니다. 데살로니가에서, 베뢰아에서, 빌립보 등 각지에서 사역을 하지요. 그런데 유월절에 예루살렘에 모인 이스라엘 사람들이 사도 바울을 죽이자고 의견을 모으지 않습니까? 또한 예수님이 십자가에 못 박히시는 사건도 유월절에 이스라엘 백성들이 모두 모였을 때 일어난 일이 아닙니까? 이렇게 이스라엘 백성들이 모두 모여서 집단의 힘을 보일 수 있는 틀로써 1년 3차 모임이 역할을 했던 것입니다.

다시 기다려 준 40일

여호와께서 모세에게 이르십니다.

> "너는 돌판 둘을 처음 것과 같이 다듬어 만들라 네가 깨뜨린 처음 판에 있던 말을 내가 그 판에 쓰리니 아침까지 준비하고 아침에 시내 산에 올라와 산 꼭대기에서 내게 보이되 아무도 너와 함께 오르지 말며 온 산에 아무도 나타나지 못하게 하고 양과 소도 산 앞에서 먹지 못하게 하라"(1-3절)

모세가 돌판 둘을 처음 것과 같이 깎아 만들고 아침에 일찍이 일어나 그 두 돌판을 손에 들고 여호와의 명대로 시내 산에 올라갑니다.

하나님은 모세에게 '네가 깨뜨린'이라고 하시며 모세의 행동을 기억하시고 지적하신 후에 돌판 둘을 깎아 만드는 동안 지켜야 할 수칙을 말씀하십니다. 처음의 것과 똑같게 만드는 일은 많은 정성을 들여야 하는 일이었습니다. 더욱이 온 산에 인적을 금하는 일은 만만치 않은 일이었을 것입니다. 사람은 그렇다 치고 양과 소도 산 앞에서 먹지 못하게 하려면 모든 백성들이 단속을 해도 힘든 일이었을 것입니다. 후에 모세가 두 돌판을 들고 무사히 내려오는 것을 보니 아무래도 백성들이 보초를 섰든 무슨 수를 내

서였든 모세에게 잘 협조한 것 같습니다.

출애굽기 34장에서 목격되는 또 한 가지의 놀라운 일은 백성들이 40일
동안 모세를 기다렸다는 것입니다. 지난번 40일 동안처럼 하나님께서 원
치 않으시는 일을 하지 않은 것이지요. 모세의 얼굴에 광채가 나는 것도 중
요합니다. 그러나 더 중요한 사실은 아론과 이스라엘 백성들이 모세를 기
다렸다는 것입니다.

마음이 감동된 자와 자원하는 자,
인류 역사는 이러한 사람들에 의해 움직여 갑니다

*이 세상을 아름답고 따뜻하게 하는 것은
얄밉게 자기 것 잘 챙기는 똑똑한 사람이 아니고
더 주고 먼저 주고 나중까지 주는 못난 사람들이 아닌가 생각합니다.*

하나님은 이 순간을 기다리며 준비하셨습니다. 드디어 이스라엘 백성이 하나님의 명령대로 성막을 짓기 시작한 것입니다. 성막을 만들기 위해 자신의 소유 중에서 소중한 것을 즐거운 마음으로 드리는데, 이는 출애굽 이후 처음으로 이스라엘 백성이 하나님께 드리는 것입니다. 출애굽기의 숲에서 본다면 출애굽 당시 이스라엘 백성이 애굽에서 가지고 나온 은, 금 패물을 한 번은 악한 일에 또 한 번은 선한 일에 사용하는데, 35장에서는 하나님을 섬기는 선한 도구로 사용하는 모습을 볼 수 있습니다.

설계도는 하나님이 준비하시고 재료는 백성들이 준비하여 하나님과 이
스라엘의 동역이 드디어 시작된 것입니다.

드디어 착수

얼마나 기다렸다가 시작하는 일입니까? 사람이 3천 명이 죽고, 다시 꼬
박 40일을 기다리고, 모세는 40일을 먹지도 마시지도 않고 두 돌판을 다시
새기는 일에 혼신을 기울였습니다. 그렇게 해서 이미 40일 전에 시작했어
야 했던 일을 이제 시작하는 것입니다.

금송아지와 여호와의 이름을 분별 없이 엉뚱한 짓을 벌였던 이스라엘 백
성들이 이제 출애굽 후 처음으로 하나님께 공식적으로 헌신하는 장면이 나
옵니다. 이토록 일치된 마음으로 하나님께 드리기는 처음이라 생각됩니다.

모세가 이스라엘 자손의 온 회중에 고합니다.

> "너희의 소유 중에서 너희는 여호와께 드릴 것을 택하되 마음에 원하는 자는
> 누구든지 그것을 가져다가 여호와께 드릴지니"(5절)

그렇습니다. 사실 근본적으로 '여호와의 소유' 입니다. 여호와의 소유를
가지고 얼마 전에 만들었었던 것이지요. 그러나 이제 그 근본 소유자이신
분께 제대로 드려 보자는 것입니다. 애굽 땅에서 그토록 황급히 나올 때도
하나님께서는 모든 재물을 다 챙겨 나오게 해 주마 약속하셨고 그 약속을
이행하셨습니다. 이제 은, 금 패물들이 쓰여야 할 곳에 올바르게 쓰이고 있
는 것입니다.

보통 머리가 지혜롭다, 머리가 명석하다는 말은 많이 쓰지만 마음이 지
혜롭다는 말은 잘 쓰지 않습니다. 성경에서는 '마음이 지혜롭다' 라는 표현
이 많이 나오는데, 아마 이것은 머리가 명석하고 그 명석함을 하나님을 위
해 쓸 마음이 되어 있다는 의미인 것 같습니다. 이것이 정말 지혜로운 것
아니겠습니까? 그러니까 머리 차원에서가 아니라 마음, 내심 차원에서 지
혜롭다고 표현하는 것이겠지요.

이러한 모세의 명령을 듣고 물러갔던 이스라엘 백성들이 다시 나아올
때의 모습을 봅시다.

마음이 감동된 자와 자원하는 자. 아마 인류 역사는 이러한 사람들에 의
해 움직일 것입니다. 사회가 건강하게 정상적으로 발전하는 데 필요한 것
이 이 자원하는 정신이 아니겠습니까? 반면 사회를 경쟁과 암투로 몰아가
는 것이 바로 삯꾼 정신일 것입니다.

요즈음 모두들 '일한 만큼만 받겠다', '자기 한 것만큼 챙기는 사람이
똑똑한 사람' 이라는 사고가 팽배해 있는 것 같습니다. 글쎄요, 이 세상을
아름답고 따뜻하게 하는 것은 얄밉게 자기 것 잘 챙기는 똑똑한 사람이 아
니고 더 주고 먼저 주고 나중까지 주는 못난 사람들이 아닌가 생각합니다.

자원 정신이 소중한 것은 창조적인 것을 '위하여' 존재한다는 데에 있
는 것 같습니다. 지금 이스라엘 백성들은 성막을 짓기 '위하여', 그 속에

쓸 모든 것을 '위하여', 거룩한 옷을 '위하여' 자원하고 있습니다. 삯꾼들은 자신을 위해 일하지만 자원하는 사람들은 그 위함의 대상이 다릅니다. 하나님과 타자를 위하여 일합니다. 얼마 전 금송아지는 자기들을 위하여 만들었으나, 이제는 하나님의 말씀을 순종하기 위하여 아름답게 자원하고 있습니다.

사실 이스라엘 백성들이 하나님께 무엇인가를 드리는 일이 워낙 드문 일이라 한 번 드리는 것에 대해 이렇게 부각되어 기록되었지만, 하나님께서 이스라엘 백성들에게 베푸신 일은 다 기록할 수도 없습니다. 금송아지를 만들고 먹고 마시던 그날에도 하늘에서는 만나가 변함없이 내렸을 것입니다. 계속해서 받기만 하던 자들이 겨우 한 번 드리고 있는 것입니다. 우리의 삶의 모습과 너무나 비슷한 모습이지요. 솔직히 이스라엘 백성들의 행동을 보면 마치 거울을 보고 있다는 생각이 들 때가 많습니다. 하지만 지금 이스라엘이 여호와께 드리는 이 장면에서 우리는 기뻐하지 않을 수 없습니다.

> "곧 마음에 원하는 남녀가 와서 팔찌와 귀고리와 가락지와 목걸이와 여러 가지 금품을 가져다가 사람마다 여호와께 금 예물을 드렸으며 무릇 청색 자색 홍색 실과 가는 베 실과 염소 털과 붉은 물 들인 숫양의 가죽과 해달의 가죽이 있는 자도 가져왔으며 은과 놋으로 예물을 삼는 모든 자가 가져다가 여호와께 드렸으며 섬기는 일에 소용되는 조각목이 있는 모든 자는 가져왔으며 마음이 슬기로운 모든 여인은 손수 실을 빼고 그 뺀 청색 자색 홍색 실과 가는 베 실을 가져왔으며"(22-25절)

20절부터 29절까지는 말이 필요 없는 부분입니다. 그 당시의 장면을 상상해서 읽는 것만으로도 기쁜 부분입니다. '가져다가', '가져왔으며', '가져다가', '가져왔으며' 계속 반복됩니다. 자기 것이 아까운지 모르는 사람이 세상에 어디 있겠습니까? 그럼에도 불구하고 가져오는 모습을 보게 됩니다. 몸에 지니고 있는 소중하고 아까운 물건들을 내놓는 장면입니다.

의무 규정, 즉 '얼마씩 내라' 라는 명령에 의해 갖다 바칠 수도 있습니다. 그러나 그렇게 하지 않는 이상, 이것은 해도 되고 안 해도 되는 것입니다. 이제 그것을 바치는 모습을 보게 됩니다. 감동적인 장면입니다. 자원하는 사람들에 의해서 거대한 역사가 이루어지고 있습니다.

하나하나 가르치고 연구해 가며

모세는 일전에 하나님께서 말씀하신 대로, 모든 성막 짓는 일의 책임자요 실행자로 브살렐과 오홀리압을 세우게 됩니다. 이러한 책임을 맡기는 일은 36장에서 39장까지 여호와의 전 역사를 필하게 하는 기초가 되는 것입니다. 그 일을 마치게 할 수 있는 중요한 기초의 하나가 브살렐과 오홀리압을 세우는 일입니다.

하나님으로부터 지혜와 총명을 받은 브살렐과 오홀리압. 이들이 아무런 걱정과 노력 없이 6개월간의 대사업을 처리해 내었을까요? 아마 그렇지 않았을 것입니다. 많은 시행착오도 겪고, 식양대로 되는지 확인하고 점검하고, 설계도가 다 낡아질 정도로 들여다보고 계획하며 일을 진행했을 것입니다. 그가 '정교한 일을 고안하였다' 라는 말씀에서 그의 노력을 엿볼 수 있지 않습니까?

하나님께서 주신 지혜와 총명 외에 그들 스스로의 땀과 순종과 실천이 필요했을 것입니다. 하나님의 일은 그렇게 이루어집니다. 34-35절을 보십시오.

오홀리압이 하는 일은 가르치고 연구하는 일이었습니다. 가르쳤다는 것
은 배우려는 사람이 있었다는 뜻입니다. 이들에게 하나하나 가르치고 연구
했다는 것입니다. 하나님이 주신 식양이 곧장 마법의 상자가 되어서 나온
것이 아닙니다. 적어도 주조 틀에 금을 넣었더니 송아지가 나온 정교하지
못한 작업과는 차원이 다르지요. 이것이 더욱 정교한 것입니다. 또한 정교
한 작업일수록 가르쳐야 하는 것입니다.

오홀리압은 가르치고 연구하고, 브살렐은 총책임을 집니다. 식양이 있
음에도 불구하고 가르치고 연구했던 것이 훌륭한 점입니다. 주의 일을 한
다는 것도 명대로 한다고 해서 연구 없이 행하는 것이 아닙니다. 부지런히
이 일에 동참할 사람을 가르치고 '어찌하면 더 잘 만들까?' 공교한 일을 연
구했다는 것입니다. 이 일에 온 백성들이 관심을 쏟습니다.

자기의 이익과 관련 없이 연구에 힘써야 합니다. 성전, 성막, 법궤의 식
양을 놓고 깊이 생각하신 하나님, 한 치의 오차 없이 전달하는 모세, 한 치
의 오차 없이 전달받는 브살렐, 그것을 가지고 부지런히 실제 만들기 위해
투박한 손길의 백성들을 가르치고 연구하는 오홀리압. 같이 함께 연구하는
사람들로 거대한 역사가 이루어지고 있습니다.

자원 정신의 또 하나의 매력은 바로
나아갈 때와 물러날 때를 잘 파악한다는 점에 있습니다

> 백성이 가져오기를 정지합니다.
> 그런데 있는 재료가 모든 일을 하기에
> 넉넉하여 남음이 있습니다.

자원하는 마음은 사건을 일으킵니다. 세금을 징수하는 것도 아니요, 건축 헌금을 작정케 한 것도 아닙니다. 식양은 여호와께서 주셨지만 그것을 이루는 것은 사람의 순종과 참여와 실천입니다. 이미 32장에서 이스라엘 백성은 자원하는 마음으로 금송아지를 만들었었습니다. 그러나 그것은 욕심의 발로요, 욕망의 투사였을 뿐 하나님과 공동체를 섬기는 헌신과 자원하는 마음은 아니었습니다. 이는 공동체가 죽는 길로 가는가, 함께 사는 길로 가는가의 중요한 분기점입니다.

이스라엘 공동체는 역사적 교훈을 통해서 자원함으로 시간을 드렸고, 물질을 드렸고, 힘을 드렸습니다. 남을 만큼 드렸습니다. 하나님은 자원하는 마음을 통해서 하나님의 일을 성취하시기 원하시는 것 같습니다.

넉넉하여 남음이 있도록

예수님께서는 네 물질이 있는 곳에 네 마음도 있다고 말씀하셨습니다. 많은 사람들은 물질로 판단하지 말라고, 마음이 중요한 것 아니냐고 합니다. 하지만 과연 그럴까요? 하나님을 하늘만큼 땅만큼 사랑한다고 말하기는 쉬워도 하나님을 백만 원보다 십만 원보다 더 사랑한다고 말하기가 쉽지 않은 것입니다. 십만 원, 백만 원 마다하고 하나님 앞에 나아가기가 더 어려운 것입니다.

인간은 숫자에 무척 밝은 생명체입니다. 몇 배로 힘들고 몇 배로 기쁘다는 식으로 감정이나 고통, 감각이나 체험을 숫자로 표현할 수 있는 생명체입니다. 그리고 현재 우리는 우리의 삶의 질, 건강, 나아가 생명까지도 돈의 많고 적음에 따라 좌우되는 세상에 살고 있습니다. 그러니 자신이 가진 돈을 어느 곳에 얼마큼 쓰느냐가 어찌 그 사람의 마음 표현이 아니라고 할 수 있겠습니까?

일전에 어느 목사님 설교 말씀 중에 이런 이야기가 있었습니다. 하나님을 모르는 사람들이 모여서 하는 이야기를 가만히 잘 들어보면 나 돈 있다는 이야기고, 더 가만히 잘 들어 보면 그래서 나 잘났다는 이야기고, 그래서 끝까지 잘 들어 보면 그러니까 술 먹으러 가자는 이야기더랍니다. 사람들의 심리를 너무나 잘 표현한 이야기인 것 같습니다. 우리가 아침부터 저녁까지 일하고 젊음을 바쳐 공부하고, 약간 억울하고 비굴해지는 것도 참고 하는 그 모든 것이 한 껍질만 벗겨 보면 사실 돈 때문입니다. 다들 말은 그렇게 하지 않고 있을 뿐이지요.

어느 탤런트가 몇 편의 영화와 텔레비전 드라마를 통해서 유명해지기 시작하자 기자가 그의 인터뷰 기사를 신문에 실었습니다. 유명해지니까 좋은 게 뭐냐고 물었더니 그 탤런트가 하는 말이 설렁탕 먹고 싶을 때 설렁탕 먹을 수 있고, 갈비 먹고 싶을 때 갈비 먹을 수 있어서 좋더라고 하더랍니다. 참으로 솔직한 대답이면서도 돈의 위력이라는 무거운 주제를 가볍게 터치하고 지나가는 재치에 놀라지 않을 수 없었습니다. 저는 그 탤런트가 돈의 본질을 너무나 잘 꿰뚫어 본 사람이라는 생각이 들어 그때부터 그 사람이 화면에 나오면 유심히 보게 되었습니다.

돈이란 것이 그렇습니다. 너무나 필요하고, 있어야 편하고, 없으면 서럽고 괴로운 것입니다. 돈 들어오는 일에는 신이 나고 돈이 나가는 일은 어찌하든 핑계를 붙여서 피해 보고 싶은 것입니다. 예수님께서 네 물질이 있는 곳에 네 마음이 있는 것이라고 하신 말씀은 진리이고 무서운 말씀입니다. 우리가 살아 있는 모든 순간마다, 즉 돈이 필요한 매 순간마다 기억해야 할 말씀인 것입니다.

그런데 지금 이스라엘 백성들이 자기 가진 것을 아침마다 무더기로 하나님 앞에 갖다 놓고 있습니다. 쉽사리 넘어갈 대목이 아닌 것입니다.

모세가 브살렐과 오홀리압과 및 마음이 지혜로운 사람 곧 그 마음에 여호와께로부터 지혜를 얻고 와서 그 일을 하려고 마음에 원하는 모든 자를 부릅니다(2절). 그들이 이스라엘 자손들이 성소의 모든 것을 만들기 위하여 가져온 예물을 모세에게서 받습니다. 그러나 백성이 아침마다 자원하는 예물을 연하여 가져오는 고로 성소의 모든 일을 하는 지혜로운 자들이 각기 하는 일을 정지하고 와서 모세에게 고합니다.

그러자 모세가 명을 내려 진중에 공포합니다.

"남녀를 막론하고 성소에 드릴 예물을 다시 만들지 말라."

그러므로 백성이 가져오기를 정지합니다. 그런데 있는 재료가 모든 일을 하기에 넉넉하여 남음이 있습니다.

성막 건축이 이스라엘 백성에게는 첫 경험입니다. 그러므로 모든 것이 조심스러울 수밖에 없고 매우 정교한 계획과 작업이 있어야 했습니다. 이를 위하여 연구하는 가운데 식양에 대한 이해를 철저하게 해야 합니다. 오늘 본문은 그들이 이런 모든 과정을 매우 철저하게 끝냈음을 보여 줍니다. 성막의 설계도에 대한 이해를 마쳤습니다. 넘치도록 가져온 재료에 대한 분배도 끝났습니다. 그리고 지금 매우 정교한 작업을 진행하고 있는 것입니다. 여기에는 그들의 치밀한 연구와 세밀하고 정성스러운 작업에서 나오는 진한 땀방울이 있습니다.

순종과 땀 흘림은 뗄 수 없는 불가분의 관계입니다. 성경 전체를 통해 하나님께 순종하였던 사람들에게는 땀 흘림이 있었음을 볼 수 있을 것입니다. 이 땅의 그리스도인들이 이와 같아야 할 것입니다. 치밀한 연구, 세밀하고 정성스러운 작업, 흐르는 땀방울, 이런 것들이 그리스도인이 속한 삶의 현장을 신선하게 할 것이며 역동적이게 할 것입니다. 거기에 하나님의 역사가 있고 기쁨이 있으며 감격이 있습니다.

드릴 때와 정지할 때

자원하는 마음으로 넘치도록 예물을 드리는 이스라엘 백성들, 이 순간 그들은 벅찬 감격 속에 있었을 것입니다. 그런데 그들이 너무 많이 가져와 오히려 불필요한 것이 되자 모세가 그만 가져오라고 명합니다. 그러자 백성들은 모세의 말을 그대로 순종하고 가져오는 것을 그칩니다.

자원 정신의 또 하나의 매력은 바로 나아갈 때와 물러날 때를 잘 파악한다는 점에 있습니다. 만약 자기의 사사로운 이익을 위해 하는 일이라면 남이 그만 하라고 한다고 해서 그만 하지 않지요. 자기 욕심을 채울 때까지 끝장을 보아야 하는 것이 아닙니까? 그러나 자원해서 하는 것은 그만 해야 할 때, 물러나야 할 때 아무런 저항 없이 멈출 수 있습니다. 드리려던 마음이 순수했으면 끝낼 때도 순수하게 끝내는 것이지요.

교회에서 봉사를 열성적으로 하던 사람이 그 일을 그만 해야 하는 시점에 가면 오히려 시험에 들어 '내가 교회에서 필요 없는 사람인가? 봉사한다는 데 왜 말리는가?' 하면서 자신도 다른 사람도 힘들게 하는 경우가 있습니다. 그런 생각이 든다면 그는 자원하는 마음으로 봉사하는 것이 아니었을 것입니다. 자원한다는, 하나님 일을 한다는 명목으로 자신의 유익을 위하여 자신의 일을 하고 있었던 것이었을 겁니다.

출애굽기 36장은 자원 정신이 무엇인지, 그리고 자원하는 자의 모습의 시작과 끝이 어떠해야 하는지를 보여 주는 '자원 정신의 결정판'이라고 할 수 있겠습니다. 출애굽기의 숲에서 자라나는 또 하나의 귀한 나무입니다.

나를 위한 일이 아니기에
성실히 감당하는 사람에게 더욱 눈길이 머뭅니다

멋지게 디자인하여 주신 나의 인생을
하나님께서 또 얼마나 멋지게 이끌어 주시는지
기대하고 맡기며 힘닿는 데까지 능력을 발휘해 봅시다.

출애굽기 이후 신명기까지는 모세가 이스라엘의 지도자로 하나님의 일을 주도했습니다. 하지만 성막의 기구들을 만드는 데는 브살렐이 주도적인 역할을 합니다. 브살렐은 모세처럼 드러나 보이지는 않지만 짧은 기간 동안 하나님이 그에게 맡기신 일을 성실히 감당했습니다.

하나님이 성막의 제도를 그림으로 주신 것이 아니었기에 브살렐은 하나님이 말씀으로 전하여 주신 식양을 만들기 위해 많이 디자인해 보았을 것입니다. 이 장에서 만들어진 기구들의 치수들은 출애굽기 25장에서 하나

님이 말씀하신 것들과 일치하는데, 이를 위해 브살렐이 얼마나 많은 수고
를 했을지 짐작해 볼 수 있습니다.

내 스스로의 능력으로

출애굽기와 레위기, 민수기, 신명기에 이르기까지 스포트라이트는 모세
에게 비춰집니다. 출애굽과 그 이후 가나안 땅에 이르기까지 모세의 역할
은 아무리 강조해도 지나치지 않을 것입니다. 그러나 오홀리압과 브살렐의
역할도 실은 만만치 않았습니다.

출애굽기 37장은 그런 면에서 브살렐을 한 번 확실하게 띄워 주는 장인
것 같습니다.

> "브살렐이 조각목으로 궤를 만들었으니 길이가 두 규빗 반, 너비가 한 규빗
> 반, 높이가 한 규빗 반이며 순금으로 안팎을 싸고 위쪽 가장자리로 돌아가며
> 금 테를 만들었으며 금 고리 넷을 부어 만들어 네 발에 달았으니 곧 이쪽에 두
> 고리요 저쪽에 두 고리이며"(1-3절)

브살렐이 자신의 지혜와 노력을 다하여 하나님께서 정해 주신 멋진 디
자인대로 성막을 짓는 모습은 당시 시대의 한복판에서 가장 중요한 사람으
로 하나님 앞에 쓰임 받고 있는 모습입니다. 요나단 곁에 있던 병기 잡은
자가 하나님 앞에 쓰임 받는 모습이 아름다웠던 것처럼, 다메섹 엘리에셀
의 사명이 아브라함에 대한 하나님의 약속이 이행되는 데에 소중한 연결
고리였던 것처럼, 브살렐은 이스라엘이 신앙공동체로 세워지는 일에 중대
한 임무를 맡고 있는 것입니다. 하나님께서 주신 비전을 자신의 능력대로

열심히 이루어 가는 귀한 모습입니다.

하나님께서 주신 식양이 있긴 했지만 그것을 정확히 실물로 완성하기 위하여 브살렐은 얼마나 혼신의 노력을 다했을까요? 아마 성막을 짓는 6개월간 브살렐은 평생 다시없을 노력으로 젖 먹던 힘까지 다 내어 일했으리라 짐작해 봅니다.

한 치의 오차 없이

"그가 또 조각목으로 상을 만들었으니 길이가 두 규빗, 너비가 한 규빗, 높이가 한 규빗 반이며 순금으로 싸고 위쪽 가장자리로 돌아가며 금 테를 둘렀으며 그 주위에 손바닥 넓이만한 턱을 만들고 그 턱 주위에 금으로 테를 만들었고 상을 위하여 금 고리 넷을 부어 만들어 네 발 위, 네 모퉁이에 달았으니 그 고리가 턱 곁에 있어서 상을 메는 채를 꿰게 하였으며 또 조각목으로 상 멜 채를 만들어 금으로 쌌으며 상 위의 기구 곧 대접과 숟가락과 잔과 따르는 병을 순금으로 만들었더라"(10-16절)

모든 기구들을 만들 때마다 치수를 재고 순금으로 싸고 금테를 두르고 달고 하는 행위들 속에 브살렐과 이스라엘 백성들의 땀이 느껴집니다. 땀 냄새를 맡을 수 있다는 것입니다. 특이한 것은 이러한 공정에 들어가는 재료들이 값진 것들이라는 것인데, 특히 순금이 많이 들어갑니다. 순금과 조각목이 귀하다는 것을 알 수 있습니다.

법궤와 진설병, 상과 등대, 분향단을 만드는데 규격 치수를 25장에서 하나님이 말씀하신 것과 동일하게 했음을 볼 수 있으며, 그렇게 하기 위해서 긴장하고 세심하게 했다는 것입니다. 치수를 같게 한다는 것은 쉬운 것이 아닙니다. 이 작업 과정 안에 긴장이 들어 있고 세심함이 들어 있다는 뜻입니다.

한 치의 오차 없이 성막을 만들어 가고 있습니다. 이 모든 것들이 브살렐을 중심으로 한 만든 자의 땀과 긴장, 그리고 한 치의 오차 없는 세밀한 주의를 통해서 지금 만들어지고 있는 것입니다. 브살렐은 지금 자신의 모든 지식과 기술을 동원해서 하나님이 지시하신 대로 성막을 만들어야 했습니다.

성막의 기구와 물품들은 이방 문화와 종교에 영향을 받은 것이 아니라 하나님의 계시를 기초하여 독창적이고 거룩하게 식양이 주어졌습니다. 그리고 이스라엘 백성들이 땀 흘려서 성막 안의 모습들을 갖추어 나갑니다. 제사장만이 들어갈 수 있는 거룩한 성막 안에 놓여질 것들을 만들었습니다. 재미있는 사실은 이렇게 만들어지고 나면 그것들을 제사장만 볼 수 있다는 것입니다.

마음 지혜로운 자들의 땀이 배어 있다는 점과 정확하게 만들려는 애씀의 흔적이 역력합니다. 하나님이 우리에게 비전을 주실 때 그것을 어떻게 이룰지에 대해서까지 말씀하시지는 않습니다. 그 비전을 이루기 위해 연구하고 수고하며 땀 흘리는 것은 우리의 몫입니다.

하나님은 사람에게 일을 맡기실 때 그가 자신의 능력과 노력을 동원해서 그 일을 감당하기를 원하십니다.

결국 나를 위한 일

브살렐이 지금 만들고 있는 궤며 분향단은 모두 성소 안에 들어갈 것입니다. 이것을 만드는 사람은 브살렐이지만 성소가 모두 만들어진 후 그는 이것을 더 이상 볼 수가 없습니다. 제작 과정에 참여하지 않은 아론이 이후 모든 기명들을 사용할 것입니다. 브살렐이 하는 일이 오로지 아론과 그의 자손만을 위한 일인 것으로 잘못 생각할 수도 있는 것입니다.

많은 크리스천들이 한 때, 특히 젊은 때, 하나님 일에 열심을 내다가 금방 지쳐 버리는 것도 '이거 다 남 좋은 일 시키는 것 아니냐?' 라는 회의에 쉽사리 빠지기 때문이 아닌가 생각합니다. 내가 이렇게 애써도 내게 돌아오는 것은 아무것도 없다는 계산을 하는 것입니다. 그래서 결국 '내 앞가림과 내 가족은 내가 돈 벌어서 챙겨야지' 하는 세상 사람들의 생각으로 돌아가 버리고 맙니다.

참으로 안타까운 일입니다. 우리가 언제 자신만을 위하자고 하나님 앞에 모였으며, 언제 몇몇 사람만을 편하게 하자고 주의 일을 자처했었습니까? 이 또한 비뚤어진 자원 정신이 나은 답답한 결과가 아닙니까? 브살렐이 '내가 만져 보지도 못할 이런 것들을 만드느라고 내 에너지를 왜 쏟아?' 하면서 일에 최선을 다하지 않았다면 어떻게 되겠습니까?

과연 브살렐이 지금 하고 있는 일이 아론과 그 자손만을 위한 일일까요? 이는 이스라엘 공동체를 위한 일이며, 후에 성소와 지성소의 구분을 파하시고 오직 믿음으로만 구원을 얻는 길을 여시는 예수님이 오시기까지 지속되어야 할 하나님의 구원 역사에 하나님의 큰 획을 긋는 일이 아닙니까? 브살렐 자신의 생명을 위한 일이 아닙니까?

우리 하나님의 일을 하면서 섣불리 주판을 튕겨 보지 맙시다. 한 번 하나님을 철석같이 믿고 따라가 봅시다. 하나님께서는 신실하셔서 식언치 아니하시니, 우리 그분의 인도하심에 나의 능력과 시간과 재물을 의심없이 내어 놓아 봅시다. 먼저 그 나라와 그의 의를 구할 때 하나님께서 나머지 모든 것을 얼마나 더하여 주시는지 우리 체험해 봅시다. 멋지게 디자인하여 주신 나의 인생을 하나님께서 또 얼마나 멋지게 이끌어 주시는지 기대하고 맡기며 힘닿는 데까지 능력을 발휘해 봅시다.

미국 사람들의 90% 이상이 하나님의 존재를 믿는다고 합니다. 그러나 그들 중 다시 80%가 그 하나님이 오늘날 자신을 위하여 일하고 계신다는 사실은 믿지 않는다고 합니다. 그러나 기억하십시오. 하나님은 나의 하나님입니다. 천하 만물의 하나님이기도 하시지만, 지구 몇 개를 합쳐 놓은 것보다 더 소중히 한 사람의 생명, 나의 생명을 아끼고 사랑하시는 분이기도 하십니다. 브살렐이 의심하지 않았듯이 우리도 의심하지 맙시다.

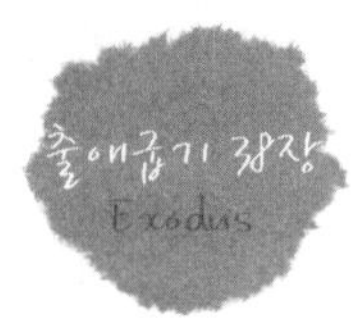

귀한 것을 내놓는 아쉬움은
더 소중한 것을 알기 위함입니다

> *계산하는 사람, 치수 재는 사람,*
> *만드는 사람, 조각하는 사람,*
> *성막을 짓는 데 있어서 모두 필요한 사람들이었습니다.*

이스라엘 백성은 가장 소중한 것을 가장 값지게 쓸 줄 알았습니다. 광야 생활로 모든 살림이 아쉽기만 한 그들에게 금, 은, 놋, 조각목은 정말 소중한 것들이었습니다. 물두멍은 여인들에게 있어 가장 소중한 거울을 재료로 하여 만들어졌습니다.

나눔은, 채움은, 완성은 언제나 풍성한 중에만 되어지는 것은 아닙니다. 소중한 것을 소중하게 내어 놓는 데서 비롯되어지는 것입니다. 또한 출애굽기 38장까지의 성막 만들기는 혼자 할 수 없는, 여럿이 함께함으로 가능한 일이었습니다. 아론의 아들 이다말은 계산하는 일, 브살렐은 만드는 일, 오홀리압은 조각하며 수놓는 일을 하였습니다. 브살렐과 오홀리압이 성막 만드는 일에 드러나게 주도하고 있으나 이다말 또한 계산이라는 중요한 부분을 맡게 됩니다.

내 소중한 것을 당신께 드려

고단하고 지루한 행진의 연속에, 장막을 치고 거두고 다시 이동하는 광야 생활에 그릇붙이가 변변하지 않았을 것입니다. 그렇지만 이스라엘 백성들은 성막의 일부로 쓰인다는 기쁨에 자신들의 소중한 것을 내어 놓고 있습니다.

> "그가 놋으로 물두멍을 만들고 그 받침도 놋으로 하였으니 곧 회막 문에서 수 종드는 여인들의 거울로 만들었더라"(8절)

여인들은 자신들의 필수 소지품인 거울을 드림으로써 귀한 것을 내놓는 아쉬움과 더불어 거울의 소중함을 새삼 더 깨달았을 것입니다.

또한 이 말씀으로부터 회막문에서 수종 드는 여인들이 있었다는 사실을 알게 됩니다. 즉 레위인들만 성막에 관련된 일에 관여한 것이 아니라 회막문에서 그 일을 협력하는 여인들이 있었다는 중요한 단서가 되는 부분입니다.

계산 정확한 이다말

> "성막 곧 증거막을 위하여 레위 사람이 쓴 재료의 물목은 제사장 아론의 아들
> 이다말이 모세의 명령대로 계산하였으며 유다 지파 훌의 손자요 우리의 아들
> 인 브살렐은 여호와께서 모세에게 명령하신 모든 것을 만들었고 단 지파아히
> 사막의 아들 오홀리압이 그와 함께 하였으니 오홀리압은 재능이 있어서 조각
> 하며 또 청색 자색 홍색 실과 가는 베 실로 수 놓은 자더라"(21-23절)

성경에는 계산하는 일이 자주 등장합니다. 아마도 지도력의 항목에 계산 잘하는 것도 포함되어야 할 것입니다. 성막을 짓는 큰일에 있어서 하나님이 하나하나 치수를 말씀하시는 것만 보아도 계산이 얼마나 중요한지 알 수 있습니다. 계산하는 사람, 치수 재는 사람, 만드는 사람, 조각하는 사람, 성막을 짓는 데 있어서 모두 필요한 사람들이었습니다. 이다말은 성막 건축 추진 위원회 회계 담당으로서 자신의 달란트를 사용했습니다.

모세와 아론, 브살렐과 오홀리압, 그리고 이다말. 모두 성막과 함께 기억되어야 할 이름들입니다.

성전 건축은 이렇게

'성소 건축 비용' 이라는 말이 성경구절에 등장합니다. 건축 비용을 언급하지 않고 건축을 말할 수 없는 것이지요.

> "성소 건축 비용으로 들인 금은 성소의 세겔로 스물아홉 달란트와 칠백삼십
> 세겔이며 계수된 회중이 드린 은은 성소의 세겔로 백 달란트와 천칠백칠십오
> 세겔이니 계수된 자가 이십 세 이상으로 육십만 삼천오백오십 명인즉 성소의
> 세겔로 각 사람에게 은 한 베가 곧 반 세겔씩이라 은 백 달란트로 성소의 받침

과 휘장 문의 기둥 받침을 모두 백 개를 부어 만들었으니 각 받침마다 한 달란
트씩 모두 백 달란트요 천칠백칠십오 세겔로 기둥 갈고리를 만들고 기둥 머리
를 싸고 기둥 가름대를 만들었으며 드린 놋은 칠십 달란트와 이천사백 세겔이
라 이것으로 회막 문 기둥 받침과 놋 제단과 놋 그물과 제단의 모든 기구를 만
들었으며 뜰 주위의 기둥 받침과 그 휘장 문의 기둥 받침이며 성막의 모든 말
뚝과 뜰 주위의 모든 말뚝을 만들었더라"(24-31절)

자원하는 자들의 헌납을 기다리셨지만 반 세겔이라도 내게 함으로써 모
든 사람들의 동참을 유도했습니다. 이 당시의 화폐는 세겔, 달란트였는데
이에 대해 매우 상세하게 기록해 놓고 있습니다. 뿐만 아니라 성막 건축에
있어서 이다말을 비롯하여 여기에 헌신한 자 603,550명이 있었음을 기록
하고 있습니다. 성소의 세겔대로 은 한 개, 곧 반 세겔이라도 내게 함으로
써 모든 사람이 동참케 합니다. 자원하게 했지만 결국 모든 사람이 동참할
수 있게 한 것입니다. 또한 남은 것이 있을 만큼 풍성한 동참이 있었습니
다. 이 성막 제작에 모든 사람이 참여하게 하신 것에는 모든 사람과 함께하
시려는 하나님의 뜻이 담겨 있습니다.

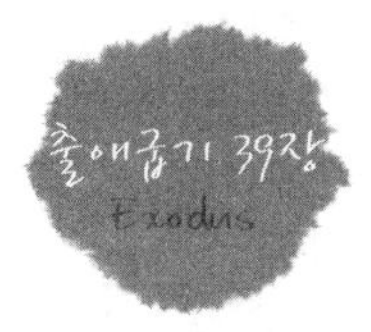

"됐다!" 라는 모세의 말이 떨어짐과 함께 이스라엘 공동체의 순종과 땀 흘림이 하나님께 열납됩니다

> 그리고 그 많은 종류의 항목들이
> 식양과 같이 만들어졌음을 확인해 가면서
> 모세의 얼굴도 점점 환해졌겠지요.

6개월이 걸렸습니다. 모세와 이스라엘 백성의 헌신을 통해 6개월에 걸친 성막 짓기가 끝나고 이제 그 성막에서 일할 자로 부르신 아론과 그 아들들을 위한 옷을 만듭니다. 특별하게 만들어진 이 옷은 아론과 그 아들들이 이스라엘 중에서 구별되어 하나님을 섬길 자로 부름을 받았다는 것과 이스라엘과 하나님 사이에서 중보자 역할을 감당해야 함을 말해 주는 것입니다.

성막과 제사장의 옷 만들기가 모두 끝난 후 이제 하나님이 지시하신 대로 모든 기구들이 만들어졌는지 확인 점검하는 시간을 갖습니다. 확인 점검하는 시간! 그 시간은 긴장과 기대가 교차하는 순간이었을 것입니다. 그러다 '됐다!' 라는 모세의 말이 떨어짐과 동시에 이스라엘 공동체의 순종과 땀 흘림이 하나님께 열납됩니다.

총점검

35장부터 38장이 성막을 짓는 과정에서 완성까지의 내용이라면 39장은 완성된 성막에서 아론과 후손들을 위해서 옷을 만드는 내용과 총점검 단계에 대해 기록하고 있습니다.

> "이스라엘 자손이 이와 같이 성막 곧 회막의 모든 역사를 마치되 여호와께서 모세에게 명령하신 대로 다 행하고 그들이 성막을 모세에게로 가져왔으니 곧 막과 그 모든 기구와 그 갈고리들과 그 널판들과 그 띠들과 그 기둥들과 그 받침들과"(32-33절)

39장은 총점검의 장답게 "여호와께서 모세에게 명령하신 대로"라는 말이 10번이나 반복해서 나오고 있습니다. 집 한 채 지어 놓고 하는 점검이 아닙니다. 예수님이 오실 때까지 약 1400년을 지속할 성막 제도의 점검입니다. 에봇과 흉패 등이 모두 1400년 사용될 것이라는 거죠. 1400년을 보존시킬 계획이셨으니까 홍색, 자색, 베실로 꼬아 만들어 달아서 떨어지지 않도록 하셨던 것입니다. 그야말로 치밀한 작업이어야 했을 것입니다.

그 점검해야 할 목록이 33절부터 열거되어 있는데 39종류에 달합니다. 이 모든 것을 하나님께서 주신 식양대로 만들고 검토하는 일은 쉬운 일이 아니었을 것입니다. 이스라엘 백성 전원이 6개월간 혼신의 힘을 기울여 지켜보고 자원하여 만들고 협력한 결과물이었습니다. 하나하나 점검할 때 긴장했을 것입니다. 숫자 하나 하나에 가지 수로 따지면 100여 개가 훨씬 넘을 텐데 말입니다.

이 글의 필자가 모세라는 것을 기억한다면 모세 자신이 얼마나 긴장하면서 "여호와께서 명령하신 대로" 되었는가를 확인했겠는지 쉽게 상상할 수 있을 것입니다. 그리고 그 많은 종류의 항목들이 식양과 같이 만들어졌음을 확인해 가면서 모세의 얼굴도 점점 환해졌겠지요. 모세가 마지막 점검을 마치고 "됐다!"라는 마지막 한 마디에 온 백성들은 서로 얼싸안고 함성이라도 질렀을 것입니다. 그 감격의 함성이 들리는 것 같습니다.

보석에 새겨진 이름

여호와께서 모세에게 명령하신 대로 만들어진 것들 가운데 한 가지 눈여겨보십시오. 보석에 이스라엘의 열두 지파 이름을 새기고 그것을 제사장의 옷에 달게 하신 것을 말입니다. 우리는 여기서 이스라엘을 향한 하나님의 마음을 가늠해 볼 수 있습니다.

가 반듯하고 두 겹이며 그것에 네 줄 보석을 물렸으니 곧 홍보석 황옥 녹주옥이 첫 줄이요 둘째 줄은 석류석 남보석 홍마노요 셋째 줄은 호박 백마노 자수정이요 넷째 줄은 녹보석 호마노 벽옥이라 다 금 테에 물렸으니 이 보석들은 이스라엘의 아들들의 이름 곧 그들의 이름대로 열둘이라 도장을 새김 같이 그 열두 지파의 각 이름을 새겼으며"(8-14절)

약속의 후손이요, 택한 백성인 그들을 하나님은 귀히 여기셨습니다. 귀한 보석처럼 이스라엘을 열방 중에서 택하시고 하나님께 있어서 소중한 존재로 삼으셨습니다. 그러나 이스라엘은 세월이 흐른 뒤 하나님을 떠나 죄 가운데 행하게 되고, 그런 이스라엘을 하나님은 남과 북 둘로 나누어 버리십니다(왕상 12장). 그는 하나님 앞에서 보석같이 귀한 존재입니다.

출애굽기의 여행이 막바지에 다다랐습니다. 출애굽기 전체에 걸쳐 느껴지는 하나님의 마음은 어떻습니까? 이스라엘 백성들이 하나님께는 보석처럼 귀하다는 것입니다. 너무 귀하여서 노예 시절을 그리워하며 애굽으로 돌아가자고 불평하는 자들에게 만나와 메추라기를 한 번도 거르지 않고 내려 주셨습니다. 너무 귀하여서 우상을 만들어도 진멸하실 수가 없었고 가나안 땅까지 동행하시겠다는 약속을 저버릴 수가 없으셨습니다.

이 좋으신 하나님 앞에 돌멩이로 돌아가겠다고 고집을 부려야 하겠습니까? 아니면 부족하나마 보석으로 귀히 여겨 주신 것에 감사하고 그 뜻을 좇아 살아야 하겠습니까? 보석에 새겨진 우리 자신의 이름을 생각해 봅시다. 감사해서, 너무 감사해서 가슴이 시린 부분이 아닙니까?

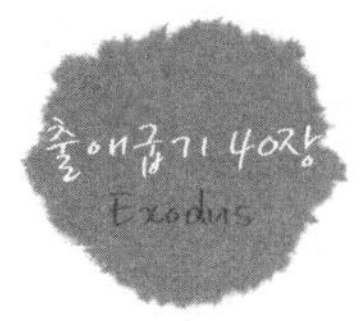

회막과 함께 새로운 시민의 시대가
열리고 있습니다

이제 이스라엘 백성들이 거하는 진중의 성막을 통하여
하나님께서 이스라엘 백성들의 삶의 한복판으로
오고 계시는 것입니다.

얼마나 그들 가운데 함께하고자 하셨던가요! 아브라함을 부를 때에도, 모세를 부를 때에도 사실은 그들 속에 있고 싶으셨습니다. 기근 중에도, 애굽에서의 고통스런 부르짖음 속에서도, 홍해를 건널 때에도, 3천여 명이 죽을 때에도 사실은 그들 속에 있고 싶으셨습니다. 그들의 순종과 그들의 땀 흘림을 보신 하나님께서 시내 산을 떠나리라 결심하셨습니다. 이제 그들에게 들려준, 그리하여 그들이 멋지게 지은 회막 안으로 가시겠다고 하십니다. 그들의 아픔을, 그들의 기쁨을, 그들의 땀 냄새를 맡으실 거라고 하십니다. 하나님께서 말씀하십니다. "그들 속으로 들어가서 기억하리라. 아브라함과의 약속을 기억하리라. 그때의 내 꿈을, 시내 산에서 회막으로 회막에서 예수 그리스도로, 예수 그리스도에서 그들의 마음으로, 그들의 삶 속으로 …."

제2기 이스라엘 공동체 출범을 앞두고

출애굽기 20장 18-21절, 하나님이 가까이 오심에 대해서 이스라엘 백성들은 두려워하며 떨었습니다. 그러나 모세의 답을 들어 보면 하나님이 가까이하시고자 함은 인생들을 두렵게 하고, 떨게 하시고자 함이 아닙니다.

회막이 지어진 후, 그 회막은 시내 산 정상에 있지 않고 이스라엘 백성들의 진 가운데 자리를 잡습니다. 이제 조금 더 나가면 이스라엘 열두 지파가 회막 중심으로 동서남북에 3 · 3 · 3 · 3 해서 세 지파씩 자리를 잡습니다. 하나님께서 이스라엘 진 한가운데로 들어오신 것입니다. 가까이 오시어 이스라엘 백성과 함께하고 싶으신 것입니다. 그 하나님의 함께하시고 싶으신 계획이 이스라엘 백성들의 적지 않은 순종을 통해서 실제 이루어지고 있다는 놀라운 장면입니다.

따라서 성막이 완성되었다는 것은 하나님께서 이스라엘 백성들의 삶의 한가운데로 들어오셨다는 것을 상징합니다. 이전까지는 어떠했습니까? 하나님께서 십계명을 직접 말씀하시는 것만으로도 두려워서 더 이상 못 듣겠다고 백성들이 벌벌 떨었습니다. 모세만 시내 산 위로 불려가고, 다른 자들은 산 근처에 얼씬도 못했습니다. 하나님을 만나는 것은 그렇게 두려운 일이었습니다. 그런데 이제 이스라엘 백성들이 거하는 진중의 성막을 통하여 하나님께서 이스라엘 백성들의 삶의 한복판으로 오고 계시는 것입니다.

> "너는 또 아론과 그 아들들을 회막 문으로 데려다가 물로 씻기고 아론에게 거
> 룩한 옷을 입히고 그에게 기름을 부어 거룩하게 하여 그가 내게 제사장의 직
> 분을 행하게 하라 너는 또 그 아들들을 데려다가 그들에게 겉옷을 입히고 그
> 아버지에게 기름을 부음 같이 그들에게도 부어서 그들이 내게 제사장의 직분
> 을 행하게 하라 그들이 기름 부음을 받았은즉 대대로 영영히 제사장이 되리라
> 하시매"(12-15절)

성막 짓기 작업이 끝남으로써 성막 건축 추진 위원회도 임무를 완수하
고 해산했겠지요.

지난 6개월 동안 이스라엘 백성에게 하나님의 말씀이 전달되는 통로는
오직 하나, 모세였습니다. 그러나 이제 새 시대를 앞두고 또 다른 공식적인
통로가 있어야 했습니다. 그 준비 작업이 성막 짓기였고, 이스라엘 백성들
의 순종으로 새 시대가 열리고 있는 것입니다. 이제는 제사장을 통해서 성
막에 임하시는 하나님과 이스라엘 백성들이 만나게 될 것입니다.

6개월의 대장정을 마치다

> "그는 또 물두멍을 회막과 제단 사이에 두고 거기 씻을 물을 담으니라 모세와
> 아론과 그 아들들이 거기서 수족을 씻되 그들이 회막에 들어갈 때와 제단에
> 가까이 갈 때에 씻었으니 여호와께서 모세에게 명령하신 대로 되니라 그는 또
> 성막과 제단 주위 뜰에 포장을 치고 뜰 문에 휘장을 다니라 모세가 이같이 역
> 사를 마치니"(30-33절)

"모세가 이같이 역사를 마치니".

몇 번을 되뇌어도 싫증 나지 않는 말일 것입니다. 하나님이 모세에게 성막의 식양을 전달하는 시간이 한두 시간 만에 이루어진 것이 아닙니다. 자그만치 40일이 걸렸습니다. 그 식양이 브살렐과 오홀리압에게 전달되었습니다. 그들 또한 그것을 말씀대로 디자인하기 위해 수많은 밤을 뜬눈으로 꼬박 지새웠을 것입니다. 백성들은 소중한 귀중품들을 아낌없이 바쳤습니다. 순금, 은, 구리, 보석 등을 이리저리 살펴보며 가장 합당한 곳에 사용했습니다.

피 말리는 긴장 속에서 그들이 흘린 땀은 이루 말할 수 없었을 것입니다. 이렇게 만들어진 기구들을 모세 앞에 펼쳐 놓았습니다. 모세는 이것들을 세심하게 살폈습니다. 그리고 그 기구들을 성막 안으로 옮겼습니다. 마지막으로 뜰 문에 휘장을 달았습니다. 이렇게 해서 6개월의 대장정이 일단락되었습니다. 이를 돌이켜 보니 순종의 진한 땀방울이 배어져 있음이 느껴집니다.

새로운 시민의 시대

3천 명이 죽는 유혈 사건 후에 초긴장의 6개월 동안 진행된 성막 짓기. 이제 6개월의 대장정을 마치고 새로운 시대가 열리고 있습니다. 드디어 시내산 시대에서 회막 시대로 가는 것입니다. 보십시오. 이 놀라운 말씀을.

"구름이 회막에 덮이고 여호와의 영광이 성막에 충만하매" (34절)

드디어 하나님께서 이스라엘의 삶의 한가운데로 들어오셔서 이스라엘 백성과 가까워지신 것입니다. 하나님이 그렇게 가까운 데로 내려오신 것입니다. 시내 산 정상으로부터 회막으로, 회막으로부터 예수 그리스도로, 예수 그리스도로부터 성령이 충만해서 우리 안에 들어와 계시는, 내 안으로 들어오시는, 가까이 오시는….

드디어 이스라엘의 삶의 한복판으로 우리 하나님이 들어오셨다는 것입니다. 그런데 여기에 이스라엘 백성들의 순종이 있었던 것입니다.

5개월 20일 정도에 걸친, 약 6개월 정도에 걸친 아주 진한 순종, 아주 성실한 순종을 통해서 우리 하나님이 드디어 회막으로 오셔서 이스라엘 백성들 가까이 계시는 이 장면은 모세가 시내 산에 올라가서 40일 40야 동안 하나님을 만나는 장면을 상상하지 않고는 그 중요성을 인식할 수 없는 것입니다. 또한 십계명이 선포될 때 이스라엘 백성들이 우레와 번개 소리 가운데 임하시는 하나님의 놀라운 음성을 직접 듣고 이스라엘 백성들이 두려워하여 모세를 중재자로 내세우는 그 장면을 상상하지 않고는 하나님이 가까이 오시는 이 뜻을 제대로 알 수 없을 것입니다.

아울러 모세가 40일 동안 산 위에 올라가 있고, 하나님이 모세를 만나고 있음에도 불구하고 그 모세를 기다리지 못해서 40일째의 그 어간 말미에 금송아지를 세워서 난리를 쳤던, 그 때 그 장면을 기억하지 않고는 바로 이 장면이 얼마나 중요한지, 회막으로 가까이 오시며 이스라엘 공동체를 위해서 깊으신 배려와 그들과 함께하시겠다는 놀라운 증거를 확실히 실행하시는 하나님이 얼마나 좋은지 잘 알 수 없는 것입니다.

아론과 그의 자손을 영영히 제사장 삼으심으로써 회막 시대의 하나님과의 통로를 열고 그들의 역할을 점점 키워 가시는 하나님. 물론 앞으로 율법을 다시 더 묶어 내고, 제사 일을 정하는 그 모든 일을 모세가 실질적으로 감당하지만 성막 중에 거하시는 하나님을 만나는 일을 제사장에게 위임하심으로써 하나님께서는 당신이 만들어 놓은 제도를 견고히 하십니다.

3400년 전의 이야기인데도 하나님과 가까워지는 내 자신의 이야기와 너무 흡사하지 않습니까? 그리고 하나님께서 다가오시는 걸음걸음에 나의 순종이 요구되고 있지 않습니까? 하나님께서 내게 오시는 사건은 더디더라도 기다리고, 내 소중한 것을 내어 놓는 순종을 징검다리 삼아 일어나는 것이 아니겠습니까?